浜井浩一
Hamai Koichi

エビデンスから考える現代の「罪と罰」

犯罪学入門

現代人文社

はしがき

本論に入る前に、再犯防止とは何かについて少し確認しておこう。

現在、国が力を入れている再犯防止という枠組みは、厳罰化と対比する形で提示されてきた。性犯罪を繰り返す者などに対して、厳罰化では再犯は防げないという事実に気づくことで、認知行動療法などの再犯防止プログラムが導入されるようになったのはその表れである。これはエビデンスに基づく犯罪対策として妥当なことである。

しかし、ここで押さえておかなくてはならないことがある。それは、再犯防止は、社会防衛と表裏一体の概念だということである。たとえば犯罪者に認知行動療法を実施することは、再犯リスクを軽減することを目的としている。再犯防止の枠組みの下では、処遇の対象となる者(客体)は、社会にとってのリスクとして認識され、そのリスクを低減させるためにさまざまな介入(処遇)が行われる。認知行動療法が期待した効果を上げることができなければ、性犯罪の場合、性欲を抑えるために女性ホルモンの投与、さらには去勢が検討されることになる。

現在、再犯防止策の一環として法務省を中心に就労支援など居場所と出番を提供する施策が行われている。しかし、再犯防止という枠組みの下では、当事者に対する支援は、彼らの福祉向上を目的とはしていない。犯罪リスクを抱えた者から社会を守ることにその真の目的がある。

2018年10月に西南学院大学で開催された日本犯罪社会学会第45回大会のシンポジウム「(少年法改正に向けた自由刑の一本化にむけた法制審議会の議論を前提として)犯罪者処遇はどう変わるのか?」[1]において、NPO法人「マザーハウス」の理事長五十嵐弘志から登壇者に対して、

1　「日本犯罪社会学会第45回大会報告要旨集(2018)」〈http://hansha.daishodai.ac.jp/meeting_reports/PDF/meeting-reports_45-01_2018.pdf〉。なお、本書におけるインターネットリソースは、すべて2021年11月20日に最終閲覧したものである。

「(犯罪者処遇が議論されているにもかかわらず) なぜ、法制審議会や法務省は当事者 (元受刑者) の意見を聞こうとしないのか」という疑問が提示された。登壇者による明確な回答はなかったが、筆者が考えるに法制審議会で議論しているのは、犯罪者の更生ではなく、社会防衛としての再犯防止であり、当事者は政策上の客体として、コントロールされるべきリスクであり、法制審議会にとっては、(立ち直る) 主体として話を聞く対象とはみなされていないからである。

現在、刑事政策において司法と福祉の連携の連携が大きなテーマとなっている。司法と福祉の連携に当たっては、再犯防止をどう捉えるのかを十分に踏まえておくことが必要となる。社会防衛としての再犯防止は司法が考えるべきことであって、福祉の役割ではない。福祉が行うべきことは、罪を犯した当事者を処遇対象 (客体) と捉えるのではなく、立ち直るべき主体として寄り添い支援することである。

筆者は、「奈良市更生支援に関する懇話会」の座長として2021(令和3) 年3月に奈良市で制定された「奈良市更生支援に関する条例」の起案に関与した。この条例は、2016(平成28) 年に施行された「再犯の防止等の推進に関する法律」が地方自治体に対して再犯防止に関する施策の制定を求めたことを受けて作られたものである。この条例の前文には次のように書かれている。

「罪に問われた者等の中には、厳しい生育環境や不十分な教育、本人の疾病や障害等の様々な要因により、安定した仕事や住居がなく貧困に陥ったり、薬物・アルコール等への依存等の課題を抱え、立ち直りに大きな困難を有する人が多くいます。

市民の生活を直接支える基礎自治体が提供する様々な制度や保健医療、福祉サービスは、罪を犯したかどうかにかかわらず、支援が必要な人に提供されるものです。しかし、困難を抱えて罪に問われた者等にとっては、自らの力だけで必要なサービス等にたどり着くことは容易ではなく、彼らをサービスまで導いて立ち直りを支える手立ても整っていません。さらに、地域社会の理解が進まないこと等によって孤立に陥り、その社会的スティグマや生きづらさから罪を犯してしまう者も少なくありません。

これらの負の連鎖を断ち切るため、本市は、再犯の防止等の推進に関する法律が定めた地方公共団体の責務を踏まえ、罪に問われた者等が地域社会に復帰し、一市民としての生活を送るために必要な支援を行うことで、罪に問われた者等の立ち直りを支え、ひいては犯罪の被害に遭う人を一人でも減らすことを目指します。

ここに、関係機関や民間の支援者、市民の皆さんと共に立ち直ろうとする人を受け入れ、誰一人取り残さない社会の実現に向けて更生支援の取組を推進するため、この条例を制定します」。

この条例には、「再犯の防止等の推進に関する法律」という法律名以外に再犯防止という言葉は出てこない。なぜなら、この条例の目的が再犯防止ではなく、更生支援、つまり生活上の困難や生きづらさを抱えた主体としての市民に対する当たり前のサポートをすることにあるからである。重要なことは、罪を犯した人を犯罪者として市民サービスから排除しないということである。

筆者は仏教系大学の教員であるが、仏教の世界では、因縁という概念を大切にする。因とは結果を生じさせる直接的原因、縁とはそれを助ける外的条件であり、あらゆるものは因縁によって生滅すると仏教は教える。つまり、因である人は縁によって生まれ、縁によって死んでいくのであり、縁なしでは生きていくことはできないということである。そして、縁を失いまっとうに生きていくことが困難になった人が罪を犯す。だから更生支援とは縁を再びつなぐことに他ならない。更生という字は、二つの漢字を合わせると甦るという漢字になる。更生とは、罪を犯した人が再び生き直すということであり、生き直すためには、社会の中に適切な縁を持つことが必要となる。筆者は、講演の最後にいつも「人は一人でも反省はできるが、一人で更生（生き直す）することはできない」という言葉を使う。人が生き直すためには縁が必要で、それは一人ではできないからである。

本書の出版も例外ではない。本書は、『季刊刑事弁護』での連載論文から構成されているが、連載は10年、46回を超え、現代人文社の編集担当者も連載を企画した桑山亜也さん、木野村香映さん、北井大輔さんと代替わりし、それぞれに大変お世話になった。本書は彼らとの共同作業によって生まれたものである。また、本書脱稿の段階から東京都立大学の掛川直之さんや龍谷大学犯罪学研究センターの西本成文さん、同大学矯正・保護総合センターの太田宗志さんには原稿の確認をしていただいた。本書が誕生したのは編集担当者や彼らとの縁があったからである。ここに記して感謝の意を表したい。

縁といえば、本年8月に亡くなられた社会福祉法人南高愛隣会の前理事長の田島良昭さんに感謝の意を表したい。いうまでもないことであるが、田島さんは司法と福祉とをつなぐ地域生活定着支援センターの生みの親である。私を司法と福祉の連携の仕事に導いてくださったのも田島さんである。そして、現在のように刑事政策の中心課題が厳罰化から再犯防止や罪を犯した人の更生へと動き出す大きな流れのきっかけを作ったのも田島さんである。できれば本書を田島さんに読んでもらい、感想を聞きたかった。

最後に、私を支え続けてくれる家族にも感謝の言葉を送りたい。いつも本当にありがとう。

2021年11月

浜井浩一

エビデンスから考える現代の「罪と罰」

目次

第 2 部
刑罰の諸問題

第3部
犯罪学の最前線

序論

犯罪学とは何か

凶悪犯罪が起こるたびに叫ばれる「厳罰化」や「監視強化」は、実は犯罪対策としては効果がないばかりか有害であることが多い。犯罪学の基本は現実を重視した実証主義であり、エビデンス主義である。犯罪学を学ぶと、何をすれば犯罪や犯罪者を減らすことができるのかわかるようになる。

犯罪とは何か

犯罪とは何か。デジタル大辞林には「①罪をおかすこと。また、おかした罪。『犯罪を防ぐ』『完全犯罪』②刑法その他の刑罰法規に規定する犯罪構成要件に該当する有責かつ違法な行為」と書かれている。刑事法学的には②が犯罪であり、犯罪とは法律によって裁かれる罪、つまり刑事法が作り出したものであり、法律によって犯罪だと定義されていない行為は犯罪ではなく、刑罰の対象とはならないということになる。法律なくして、犯罪も刑罰もない。すなわち法律が犯罪を作り出しているのである。これを罪刑法定主義という。

では、罪とは何か。再びデジタル大辞林によると「①道徳・法律などの社会規範に反する行為。②罰。①を犯したために受ける制裁。③よくない結果に対する責任。④宗教上の教義に背く行為」などとなっている。罪とは、宗教、社会、法律などの規範に反した行為ということになるのかもしれない。当然、何が罪となるのかは、宗教、社会、法律によって異なる。つまり犯罪とは、それに当たる行為をした人が、住んでいる社会・時代、信じている宗教によって違う、相対的なものであるということである。チャーリー・チャップリンの映画『殺人狂時代』に、「一人殺せば悪党で、百万人だと英雄だ」というセリフが出てくるが、戦争はもちろん、日本では死刑執行が殺人にならないように、人を殺すことが罪、つまり犯罪になるとは限らない。

犯罪は、社会やそれを構成する人が法律によって作り出した人工物であり、決して自明のものではなく、時代によって変化するものでもある。このことは、薬物犯罪を考えるとわかりやすい。現在の日本において、覚醒剤を所持したり使用したりすることは犯罪となる。覚醒剤を所持しているところを警察に捕まれば、マスコミはその人のことを犯罪者（容疑者）と呼び非難する。しかし、日本において覚醒剤の所持や使用がずっと犯罪だったわけではない。1951年に覚せい剤取締法が作られたことによって、犯罪となったのである。覚せい剤取締法ができる以前には、覚醒剤（メタアンフェタミン）はヒロポンという商品名で、士気向上や疲労回復に効果があるとして薬局で売られていた。現在でも、欧州には自己使用に限定した覚醒剤使用を刑罰の対象から除外した国もある。大麻も同様である。日本には大麻取締法があるから大麻の所持によって警察に捕まるが、カナダでは最近（2018年）、娯楽用の使用を含めて大麻使用が合法化された。大麻の販売をアルコールと同様の方法で許可し、徴税の対象としたのである。薬物をどのように規制するのかはそれぞれの社会が判断することであり、刑罰によって規制することを選べば、それに違反した行為が犯罪となる。

また、現実社会において何が犯罪となるのかは、法律の文言だけによって決まるわけではない。警察等の司法機関が摘発しなければ、犯罪は存在しない。刑法185条は「賭博をした者は、50万円以下の罰金又は科料に処する。ただし、一時の娯楽に供する物を賭けたにとどまるときは、この限りでない」としているが、現在の日本では少額の賭け麻雀と同様にパチンコも賭博（ギャンブル）だとは見なされておらず、警察は取締りの対象としていない。最近では、DV・ストーカーや児童虐待などによる検挙者[1]が増えているが、これは、それらに関係した行為が増えたというよりも、そうした行為に対する社会的な非難の度合いが高まり、警察を含めた司法が積極的に介入するようになったからである。未成年、とくに20歳未満の大学生による飲酒も、筆者が18年前に大学教員となった頃と現在とでは社会的な非難の度合いが大きく異なっている。フランスの社会学者エミール・デュルケム（Émile Durkheim）は、「われわれは犯罪だからそれを非難するのではなく、われわれが非難するからそれが犯罪になるのである」と述べている[2]。犯罪や刑罰を理解するにあたっては、社会規範や法律、そしてそれを運用する刑事司法機関を通して、社会が犯罪を作りだしている（構築）という視点を持つことがとても重要である。

犯罪者とは何者か

犯罪者も同様である。犯罪者とはすなわち罪刑法定主義の下、罪を犯したとされ、警察による逮捕・取調べに端を発し、刑事手続を経て刑罰の対象となり、マスコミ等によって犯罪者というスティグマ（烙印）を受けた人たちのことである。

犯罪には、行為そのものが発覚しない、または警察に届けられない暗数が存在する。つまり、罪を犯していても、刑事司法機関のターゲットとならなければ犯罪者とはならない。人が殺されたとしても、誰もその人がいなくなったことを気にせず、警察が動き出して何らかの犯罪の端緒を見つけなければ、犯罪（殺人）は存在しないこととなり、当然犯罪者も存在しない。被害者が、被害に気がつかない、または気がついたとしても被害届を出さなければ、犯罪も犯罪者も生まれない。ましてや、明確な被害者のいない覚醒剤使用などの薬物犯罪や賭博は、刑事司法が動かなければ犯罪も犯罪者も存在しないのと同じである。世の中に

1　検挙される行為の罪名は、暴行、傷害、恐喝といった刑法犯から、ストーカー行為などの特別法に規定された行為までさまざまである。

2　Durkheim, E. (1893). De la division du travail social. P. U. F（田原音和訳『社会分業論』〔青木書店、1971年〕491頁）.

は一罰百戒という言葉があり、警察や検察でもよく聞かれる言葉であるが、検察庁の特捜部が行っている汚職や脱税、背任といったいわゆるホワイトカラー犯罪の多くは、そもそも明確な被害者がいない犯罪であり、刑事司法機関が事件化できるのは氷山の一角にすぎない。つまり刑事司法機関は、社会の中で、日々人々が行っているさまざまな行為の中からさまざまな理由によって犯罪となる行為を選択的に見つけ出し、摘発しているのである。

残念ながらその中には冤罪も含まれている。たとえ冤罪であっても、刑事手続の中で刑罰の対象となってしまえば犯罪者というスティグマを受けてしまう。そして、刑罰執行後の再審によって無罪となってもスティグマは残る。後ほどみるように、このスティグマが、再犯を生み出す原動力となるのである。

犯罪学とは何か

このように何が犯罪かを規定し、犯罪という存在を作り出しているのは法律であり、その法律を適用して犯罪者を作り出しているのが刑事司法である。そして、同じ行為をした人すべてが検挙されるわけでも、検挙された人すべてが等しく刑罰を受けるわけでもない。つまり、誰を最終的な犯罪者とするのかを決めているのは、刑事司法機関だということになる。

こうした視点から犯罪や犯罪者を研究しているのが、犯罪学理論の一つであるラベリング論である。社会学的な犯罪学理論の多くが、人がなぜ罪を犯すのかという視点から、貧困や差別、孤立など人を犯罪へと追い込んでいく原因やメカニズムの解明を目指しているのに対して、ラベリング論は、同じ行為をしても検挙の対象となる者とならない者、検挙されても有罪となる者とならない者、そして、有罪となっても刑務所に入る者と入らない者がいることに着目し、その違いを生み出す原因とメカニズムの解明を目指している。ラベリング論は、ハワード・ベッカー

（Howard S. Becker）らによって提唱された考え方で、それまでの逸脱や犯罪を単なる社会病理現象として扱ってきたアプローチとは一線を画し、逸脱や犯罪というのは、行為者の内的な属性ではなく、周囲からのラベリングによって生み出されると考える[3]。

筆者は実証主義を基本とする犯罪学者であり、本書が目指しているのは、犯罪や刑罰を、規範ではなく、統計などの実証的データを用いて、可能な限り事実に基づいて分析することにある。そして、犯罪や犯罪者を実証的に理解するためにはラベリング論的な視点は欠かすことができない。

1　犯罪統計

たとえば、犯罪統計を考えてみよう。

犯罪の数を示す犯罪統計には、警察統計がある。その中でも認知件数、検挙件数、検挙人員がよく使われる。認知件数は、取締り等の警察活動または被害者や目撃者からの通報に基づいて警察が認知（犯罪として受理）した犯罪の件数であり、犯罪の発生件数を調べたものではない。また、覚醒剤などの薬物事犯に関する統計、検挙件数や検挙人員、押収量といった統計は、警察などの法執行機関が当該業務に利用可能な職員の人数や能力によって大きく変化する。

さらに、犯罪が発生していても被害者や目撃者がそれを警察に届けなかったり、警察が犯罪として受理したりしなければ認知件数には計上されない。一般的に警察が認知しない犯罪を、表に出てこない数字という意味で「暗数」という。殺人の暗数は比較的少ないとされているが、性犯罪などでは、警察に被害届けが出されるのは氷山の一角だと考えられている。そして、暗数は警察の努力によって変化する。

たとえば、警察が痴漢対策を強化し、主要駅に痴漢相談窓口を設置すれば強制わいせつ等の認知件数が増加する。1998年から数年間に

3　Becker, H. (1963). Outsiders: Studies in the sociology of deviance. Free Press（村上直之訳『完訳アウトサイダーズ――ラベリング理論再考』〔現代人文社、2011年〕）.

わたって強制わいせつの認知件数が急激に上昇したのは、被害者を泣き寝入りさせまいとする警察の努力の結果である。1999年から2000年にかけて脅迫・暴行の認知件数が前年比で50%以上も急増したのは、1999年に発生した桶川ストーカー殺人事件[4]をきっかけに、警察庁が女性や子どもが被害者となる警察安全相談への対応強化を徹底した影響が大きい[5]。痴漢対策を行った結果、関連犯罪の認知件数が増加することは、警察活動の成果を反映した当然の結果である。しかし、だからといって痴漢犯罪そのものが増えたわけではない。DV・ストーカーや児童虐待に関する統計も同様である[6]。

このように犯罪統計の正確な分析には、警察活動と暗数というラベリング論の視点が欠かせない。

2　ラベリング論

ラベリング論は犯罪学に対して、刑事司法機関が犯罪や犯罪者を作り出しているという視点を提供しただけでない。周囲から犯罪者というラベルが貼られることで、その人はそのラベルを自己のアイデンティティとして取り入れ行動するようになり、真の犯罪者となる、つまり、周囲から犯罪者として見られること（社会的な圧力）で、その人は犯罪者として行動するようになるという視点も提供している。犯罪者として扱われることで、その人は本当の犯罪者になるということであり、この犯罪者という否定的なアイデンティティをスティグマという。たとえ冤罪であっても犯罪者というラベルを貼られた人は、そのスティグマから逃れることができない限り、それが次の犯罪へとつながりかねない。その一方で、犯罪とされる行為を行っても検挙されないなど周囲からラベルを貼られることが

4　女子大学生が元交際相手の男性等から繰り返し嫌がらせ行為を受け続けた末、1999年10月26日に埼玉県桶川市のJR東日本高崎線・桶川駅前で殺害された事件。被害者やその家族が被害届を出すなど何度も埼玉県警上尾署に相談していたにもかかわらず、警察が十分な対応をとることなく最悪の結果となったことから、警察の対応に対する批判が高まった。

5　浜井浩一「日本の治安悪化神話はいかに作られたか――治安悪化の実態と背景要因（モラル・パニックを超えて）」犯罪社会学研究29号（2004年）10～25頁。

6　浜井浩一「犯罪統計入門」罪と罰51巻2号（2014年）135～148頁。

なければスティグマを受けることはなく、自らを犯罪者と考えることもない。

近時、再犯防止が刑事政策上の大きなテーマとなっているが、犯罪者の更生や立ち直りを考えるのであれば、このスティグマを理解することが不可欠である。犯罪者というスティグマは、刑事手続等によって付加されるが、それが犯罪者の更生にとって大きな重荷となるのは、社会がそのスティグマを受け入れ、刑罰を受けた人を犯罪者として扱い、本人がそのスティグマを自分のアイデンティティとして受け入れ、自分は犯罪者だという呪縛から抜け出せなくなるからである[7]。ある意味、犯罪者が更生していくプロセスというのは、スティグマを取り除いていくプロセスといっても過言ではない。そのためには、犯罪をしなくてもまっとうな生活ができる選択肢、仕事をしていたり学生であったりといった社会の中での居場所と出番が不可欠である。人は、社会の中でまっとうな役割を与えられ、その役割をこなすことで社会の一員として認められていると実感したときに初めて犯罪者というスティグマを取り除くことができる。反省しただけではスティグマを取り除くことはできない。

3 EBP

EBP (Evidence-Based Policy) という言葉を聞いたことがあるだろうか。日本語にするとエビデンスに基づいた政策となる。実証主義犯罪学の基本もここにある。エビデンスに基づいた政策、言い換えると何らかの科学的根拠に基づいた政策であるが、残念ながら日本の刑事司法にはあまり根づいていない。犯罪対策が議論されるのは重大事件が発生した直後が多い。マスコミを中心に加害者に対する怒りや事件を防げなかった政府等に対する憤りを発端に感情的な議論が巻き起こるため、厳罰や監視の強化、または道徳教育といった常識に基づいた対策がとられがちである。しかし、こうした常識に基づく犯罪対策はエビデンスによっ

7 Lemert, E. M. (1951). Social Pathology. McGraw-Hill.

て否定されることが多い。

そうした例を一つ紹介しておこう。これは、自らの行いを反省させる処遇プログラムが再犯防止に効果がないどころか、再犯を促進してしまう危険性があることを証明した有名な研究である。

その処遇プログラムはスケアード・ストレイトと呼ばれている。非行少年を、凶悪犯罪者が収容されている刑務所に連れて行き、受刑者の中に少年たちを放り出し、非行の先にある具体的な現実（過酷な刑務所生活や将来の自分の姿かもしれない受刑者）に直面させ、自らの行為の問題性に気づかせ、反省させることで更生を促す反面教師プログラムである。このプログラムは1978年に「Scared Straight!」[8]として映画化され、アカデミー賞（ドキュメンタリー部門）を受賞している。映画の中では、刑務所体験を終えた少年たちが顔面蒼白になりながら更生を誓うシーンが描かれている。

スケアード・ストレイトは再犯防止に役立つのか。そのことを実証するためのエビデンスは、無作為（化）比較対照試験（RCT）によって作られる。非行少年を無作為に実験群と統制群の2つのグループに分けて、実験群にはスケアード・ストレイトを受けさせ、統制群には何もせず、数年後の再犯率を比較するのである。全米各地で実験が行われ、その結果をまとめた系統的レビューが公表された[9]。エビデンスが示した結果は、常識に反してスケアード・ストレイトは再犯率を悪化させてしまうということであった。エビデンスは、その理由を説明してはくれない。しかし、よく考えてみれば、「あんな風になりたくない」という反面教師には、そうならないための具体的な道筋（選択肢）が何も示されていない。そこには、スティグマを取り除くプロセスが存在しない。第9章で詳しく紹

8　Shapiro, A. (1978). Scared Straight!（Wikipedia英語版での紹介：〈https://en.wikipedia.org/wiki/Scared_Straight!〉）.

9　Petrosino, A., Buehler, J., Turpin-Petrosino, C. (2013). ‘Scared straight’ and other juvenile awareness programs for preventing juvenile delinquency. Campbell Systematic Reviews, 9(1), 1-55（中田友貴訳「（抄録）スケアード・ストレートプログラムは犯罪をより招く」龍谷大学犯罪学研究センター・キャンベル計画日本語版、刑事司法カテゴリ〈https://crimrc.ryukoku.ac.jp/campbell/library/pdf/crimejustice/cj8_jp.pdf〉）.

介するが、これまでのエビデンスで効果が確認された対策の多くには、犯罪から離脱するための具体的な行動の選択肢が示されていることが多い。エビデンスが示したのは、罪を反省するだけでは人は更生できないし、再犯も防止できないということである。

常識による犯罪対策が失敗する最大の原因は、犯罪者を人に害をなす恐ろしい存在、つまり自分たちよりも強い存在として想起し、彼らが私たちと同じ弱い人間であるということを忘れてしまっていることにある。少なくとも、筆者がこれまで出会ってきた犯罪者といわれる人たちは、その罪が凶悪犯罪であればあるほど、私たち以上に心身ともに弱くて未熟な人たちであった。

筆者と犯罪学

筆者は、2003年まで法務省に所属し、霞が関だけでなく、少年鑑別所・少年院・少年刑務所・刑務所・保護観察所などの矯正保護のほとんどすべての現場で、犯罪者といわれる人たちの更生に携わる仕事をしていた実務家であった。また、法務省の研究機関である法務総合研究所や国連の研究機関に出向したり、アメリカの大学院に留学したりするなどして犯罪や刑事司法に関する研究も行っていた。犯罪学者としての筆者の最大の売りは、ミクロレベルにおいて矯正保護のほとんどすべての現場で、さまざまな非行少年や犯罪者と出会い、彼らの処遇に関わることで実務を通して彼らの実像を知り、彼らの更生をイメージできること。また、マクロレベルにおいては、『犯罪白書』の編集を通して、刑事手続の流れの中で日本の犯罪や犯罪者、そして犯罪者処遇（刑罰）の全体像を理解できること。さらには、国連での経験を通して、そうした日本の犯罪や犯罪者処遇を国際比較の中で理解できることにある。

犯罪学者としての筆者にとっては、最も重要なことは、まず、現場や統計を含めた事実に基づいた有効な犯罪対策を考えるということである。つまり、統計やエビデンスを積み上げることで問題を正しく理解し、そのうえで、刑事司法の現場や実務の実情を踏まえた対策の在り方を考えなければ、再犯を含めた犯罪対策は機能しないばかりか社会にとって有害なものになりかねない。凶悪犯罪が起こるたびに叫ばれる厳罰化はその最たる例である。

たしかに、世の中には目を覆うような凶悪犯罪が存在する。筆者も、法務省在職中には、とても人間の所業とは思われないような事件の加害者と出会ったことかある。捜査機関が作成した調書等を読んで、いったいどんな人間がこんなひどいことをしたのかと身構えながら加害者と面接をすると、予想とまったく異なる人が椅子に座っていることがほとんどであった。一言で言うと、殺人犯には虚弱で気弱そうな印象の人が多い。殺人犯の多くは、世間の人が想像するような冷血で計算高い犯罪者とは正反対で、年齢に比して未熟で、未熟さゆえに自分をコントロールすることができず、周囲に止めてくれる人もいなかった人たちであった。本当に冷酷非情で計算高い人は、おそらく自分が破滅するようなことには手を出さないし、検挙されることもないため刑務所にはいないのではないだろうか。少なくとも筆者は、刑務所など矯正施設の中で映画に出てくるような計算高いモンスターのような犯罪者に会ったことはない。

最近ストーカー犯罪が社会問題となっているが、ストーカー行為をやめさせる最も効果的な方法は、ストーカーその人を幸せにすることである。ストーカーは自分が不幸だと思い込んでいるから、ストーカー行為にのめり込んでいく。ストーカーに刑罰を科して前科者にすると、スティグマによって自尊感情がさらに低下し、結果、より被害感情を高め、より強力なストーカーになることが少なくない。人は、周囲から「人」として尊厳を持って扱われれば、尊厳を持った「人」になろうとするし、「人でなし」として扱われれば「人でなし」になってしまう。

犯罪対策や刑事政策を考えるうえで忘れてはならないことは、罪を犯す人たちが私たちと同じ人間であり、刑罰を受けた後は地域社会で生活を共にするという事実である。だから、刑罰も、罪を犯した人にどのような人になって地域社会に戻ってきてほしいのか、そのために何が必要なのかという視点が不可欠である。刑罰で人は反省しないし、反省させただけでは再犯は防げない。「反省は一人でもできるが、更生は一人ではできない」。本書を貫いているのは、まさにこの考え方である。

本書の構成

それでは、本書の構成を紹介しておこう。本書は、2009年からすでに40回を超える『季刊刑事弁護』の連載「法律家のための犯罪学入門」の中から、現在の日本の犯罪学や刑事政策にとって重要だと思われるものをピックアップして単行本化したものである。

実は、この連載、「法律家のための犯罪学入門」と冠しているが、長期間の連載となり定期的に締切りが来る原稿であることから、その時々で筆者が最も関心を持ち、最も書きたいテーマを選んで執筆している。したがって、犯罪学に精通していなくても理解できるように、わかりやすく書くことは心がけているが、その多くはほぼ書き下ろしのオリジナル原稿で、内容も本邦初で他のどこにも発表していない論考が多い。筆者が専門家を含め多くの読者に最も読んでもらいたい論文を、この連載で執筆しているといっても過言ではない。

しかし、『季刊刑事弁護』は弁護士向けの雑誌であり、なおかつ連載のタイトルが「法律家のための犯罪学入門」となっているため、必ずしも多くの読者層に届いていない。そこで、本書では、連載の中から現在の日本の刑事政策上の課題を解決するためにぜひ読んでもらいたいと考えると同時に、刑事政策の現場を知っていて、実証的な方法論で犯罪や刑罰について研究をしている筆者だからこそ書ける論考をピックアップした。

本書は、大きく「少年非行の諸問題」「刑罰の諸問題」「犯罪学の最前線」の3編から構成されている。「少年非行の諸問題」編では、少年非行や少年司法の動向を扱っている。これは2017年から法制審議会の少年法・刑事法（少年年齢・犯罪者処遇関係）部会において少年法適用年齢を20歳から18歳に引き下げる議論が始まったことから、法律家だけでなく一般の人に少年非行や非行少年処遇の本質や実態を正しく理解してもらう必要があると感じ、最近、筆者が取り組んでいるテーマだからである。「刑罰の諸問題」編も同様で、法制審議会の同じ部会において、自由刑の一本化が議論されていたことから、懲役刑の本質や刑務所処遇の実態を正しく理解することで、社会政策としての刑罰についてまじめに考えてもらう必要があると感じ、取り組んでいるテーマだからである。最後の「犯罪学の最前線」編は、上記2編で扱えなかったテーマの中から、筆者が犯罪や刑罰を考えるうえで読者にぜひ知っておいてもらいたいと同時に、他の研究者がほとんど扱っていないトピックの中から3つ選んで掲載した。

それでは、各編を構成しているトピック（章）の概要を簡単に紹介しておきたい。前述のようにほとんどのトピックが書下ろし論文である。また、本書を編集するにあたっては連載原稿のデータ等内容を更新したり、重複部分を削除したりするなどしている。

「少年非行の諸問題」編における最初のトピック「第1章　少年非行減少の原因を探る」と「第2章　非行少年たちはどこに行ったのか」はもともとは一つの論文であり、日本において2003年前後から始まった少年非行の減少の背景要因を分析したものである。21世紀に入って日本では、急激に犯罪が減少している。警察統計は業務統計であり、警察が痴漢などの性犯罪の泣き寝入りを防止しようと努力したり、薬物使用の摘発に力を入れたりすれば、これらの認知件数や検挙件数は増加する。その逆に、警察は認知手続や統計のとり方を変えるなどの工夫を行うことでも認知件数を減らすことができる。だが、最近の犯罪の減少は、単に警察による統計のとり方によるものだけではない。法務省が行っている犯罪被害実態調査などでも減少傾向が確認されている。その原因の一つは少子高齢化である。犯罪の担い手の中心は若者であるので、若者が減れば犯罪も減る。少年の検挙人員は確実に減少している。しかし、その減少は、少子化だけでは説明できないほど急激なものであり、実は先進国の多くで同じように起きている現象でもある。その背景に何があるのか。オランダの研究者がスマートフォンの登場による若者の生活様式（ライフスタイル）の変化を指摘した。本章では、その仮説に基づき、日本の少年非行の減少の背景にある少年たちのライフスタイルの変化、非行文化とその担い手である不良集団の衰退に迫っている。

次のトピック「第3章　犯罪統計から見た少年法適用年齢引下げの問題点」は、少年非行が減少し続ける中で突如持ち上がった少年法適用年齢の引下げの議論を、実証的な観点から考察したものである。この議論は、すでに実施されている選挙年齢の18歳への引下げと2022年に予定されている民法上の成年年齢の18歳への引下げに伴い、法的整合性を考慮すべきという観点から開始された。少年非行が減少しているのは、少子化や非行文化の衰退が大きな背景要因となっているが、そもそも、日本の少年非行率は諸外国と比較しても相当に低い水準にある。それは、初犯者のほとんどが再犯をせず、その結果、非行からの離脱年齢がかなり早く、10代後半の年長少年による非行が少ないからである。日本では、非行少年の多くは成人犯罪者とはならない。これを支えているのが、非行の芽を摘む全件（家庭裁判所）送致主義を基本とする日本の少年法（少年司法）である。現在、少年院に収容されている非行少年の半数は18歳以上であるが、彼らの多くは人々が想像するような不良少年ではなく、発達上の問題から学校を含む社会に不適応を起こした少年たちである。立ち直りを重視した保護処分（保護観察、少年院送致、児童自立支援施設等送致）は、彼らの更生に大きく寄与している。

次のトピック「第4章　少年事件の裁判員裁判で議論されるべきこと——少年院と少年刑務所の違いを中心に」は、少年の発達・成長という観点から、保護処分として送致される少年院と刑罰として送致される少年刑務所の処遇の違いを、実務の視点から比較考察したものである。施設参観で使用されている少年院と少年刑務所のパンフレットを比較すると、その日課や教育や処遇内容などは非常によく似た内容となっている。筆者はこれらの両方に職員として勤務したことがあるが、実際の少年院と少年刑務所はまったく異なる世界であった。最も異なるのは、少年と職員との関係性である。新しい職員が着任すると、少年院では朝礼で職員が少年たちに対して自己紹介と挨拶を行う。一方、少年刑務所では職員を少年たちに紹介することはない。刑務所では、職員は受刑者に原則として名前を教えない。これに対して少年院における職員と少年の関係性の基本は信頼関係を構築することにある。劣悪な生育環境の中で、大人を信用できなくなった少年たちに、信頼できる大人の存在を実感してもらうことから指導は始まる。少年院は育て直しの場所であり、少年刑務所は刑罰を執行する場所である。筆者が刑務所で出会った少年院入院経験のある受刑者のほとんどが、ただ指示に従っていれば時間が過ぎる刑務所と比較して、少年院では常に自分と向き合わされるので精神的にきつかったという印象を述べていた。

次のトピック「第５章　家族と非行の犯罪学」は、非行や犯罪と家族との関係性について分析した章である。非行について言えることは、幸せな家族に囲まれて育ち、生活している非行少年はいないということである。最近、国が取り組んでいる再犯防止の鍵は居場所と出番である。社会的絆理論を提唱した犯罪学者のトラビス・ハーシー（Travis Hirschi）は、社会ときちんとつながっていること、愛する家族や仕事などに恵まれ、生きがいを感じて生活していることが、人を犯罪から遠ざけていると主張した。仏教においても因である人は縁に支えられて生きていると説いている。家族は絆や縁の中核である。本章では、更生や再犯防止を実現する上での家族という視点の重要性について考察した。

「刑罰の諸問題」編における最初のトピック「第６章　刑務所と社会との関係を考える——大井造船作業場の逃走事案から」は、刑務所からの逃走を通して社会と刑罰との関係性を考察したものである。受刑者が刑務所から逃走すると、マスコミは動物園から猛獣が逃げ出したかのように報道し危機感を煽る。しかし、受刑者は刑罰として一定期間自由を制限するために刑務所に収容されているだけで、刑期が終われば社会に戻ってくる。毎日、何人もの受刑者が、その危険性とは関係なく刑期を終えて刑務所から釈放されている。今回、取り上げた逃走事件で逃走した受刑者は社会に対する危険性が少なく、更生意欲が高いと評価されて開放施設に移送された者であった。しかし、刑務所からの逃走ということで、マスコミは大々的に報道し、延べ1万人以上の警察官が投入された大捕り物が展開され、追い詰められた受刑者は住居侵入や窃盗を繰り返すこととなった。警察官だけでなく、刑務官も動員され地域の保育園等の警護にあたることとなるなど莫大な費用が投入された。しかし、逃走した受刑者は、猛獣でも冷血な殺人鬼でもなく、理由もなく子どもを襲ったりはしない。彼らは、法律を犯して逃走し、追跡され、そこから必死で逃げようとしているだけである。ヨーロッパでは社会復帰に向けて普通に行われている外部通勤などが、日本では法律上は可能であるにもかかわらずほとんど実施されないのは、万が一受刑者が逃走した場合、刑務所が激しく叩かれることがわかっているからである。刑罰を科され、刑務所に収容されている受刑者は、私たちと変わらない普通の人間である。そして、彼らはいずれ社会に戻ってくる。刑事ドラマでは刑罰を科して終わりであるが、現実はそうではない。刑罰とは何か、刑務所はどうあるべきか、まじめに刑事政策を考えるのであれば刑罰の後のこともきちんと考えることが重要である。

次のトピック「第７章　刑事司法と認知症――認知症受刑者から見える刑事司法の課題」は、高齢受刑者の増加とともに刑事司法に新たな課題をつきつけている認知症者と刑罰との関係性を考察したものである。認知症は、一般的な精神障害とは異なり、高齢になれば誰もが発症する可能性を持ち、なおかつ時間経過とともに症状が進んでいくことが特徴である。犯行時には気づかないほど軽度な認知症であっても、裁判中や受刑中に徐々に進行していく。そして、その進行にあわせて、犯行時の責任能力だけでなく、訴訟能力や受刑能力についても考える必要がある。刑務所には、自分が受刑中であることすら認識できず、心神喪失状態となっている認知症受刑者がかなり存在する。実は刑事訴訟法には、心神喪失状態となった受刑者の刑の執行を停止できる条文が存在する。刑罰を受けていることが認識できない者に刑を執行し続ける意味はない。欧米先進国においては、厳罰化政策を推進している国の刑務所では認知症者の存在が問題となっているが、社会復帰を推進している国の刑務所には認知症者がいない。日本は、受刑者人口あたりの認知症者の割合は世界一であるかもしれない。日本の刑罰を社会にとって有益なものとするためには、まず、認知症者が受刑しない仕組みを作るところから考える必要がある。

次のトピック「第8章　懲役刑の廃止と自由刑の一本化の課題」は、日本の懲役刑を通して刑罰を考察したものである。刑法12条に「懲役は、刑事施設に拘置して所定の作業を行わせる」とあるように、単なる拘禁刑とは異なり、懲役刑は、拘禁したうえで作業をさせることが刑罰の中身である。つまり、懲役刑における作業とは一般的な意味での強制労働にほかならない。言葉の意味を文理解釈すると懲らしめとしての役（作業）ということになる。刑罰なので職業選択の自由はなく、給料も発生しない。作業に従事することを（出役）拒否すると懲罰の対象となる。そして、日本の懲役刑に定年はなく、80歳を超えた受刑者が刑罰としての作業に従事している。世界中の刑務所で受刑者は作業（労働）に従事している。しかし、刑務所内での労働の意味は国によって大きく異なる。イタリアでは、日本と同様に法律によって拘禁刑には労働が義務づけられている。しかし、イタリアにおける労働は国民の義務であると同時に権利でもあり、受刑者には職業選択の自由や給与が保障されている。イタリア憲法は刑罰の目的を更生と位置づけ、労働を通して社会復帰を促進し、再び市民として社会に包摂することを目指している。労働を強制する懲役刑では、人は更生しない。労働にとって重要なことは、働くことで人が社会とつながることができること、働くことで社会の役に立っていると認められることにある。そのためには、労働に対して主体的に関わることが不可欠であり、日本の懲役刑はそれがない。だから、せっかくの刑務作業が更生の役に立っていないのである。

「犯罪学の最前線」編は3つの章から構成されている。最初のトピック「第９章　矯正保護に関するエビデンスからみた日本の犯罪者処遇」は、犯罪学における矯正保護、つまり犯罪者処遇に関するエビデンスを紹介したものである。日本の法曹のレトリックに、罪を犯した者に刑罰を科すことで反省を促し、更生させるというものがある。裁判傍聴記などでも、裁判官の心を打つ訓示によって被告人が涙を流して更生を誓うシーンが出てくる。筆者は、そこで更生を誓った被告人の反省を疑っているわけではない。しかし、矯正保護分野の実務家としても、犯罪学者としても、反省することで人は更生できるという視点には異議を唱えたいと思う。犯罪の背景には、差別や格差、孤立、生活苦など困難な生育環境が存在する。犯罪学理論は例外なく、幸せで充実した人生を送っている者が犯罪者となることを想定していない。筆者は、罪を犯した者が被害者の痛みを知り、深く反省すべきだという価値を否定しない。しかし、私たちは、反省と更生はまったく異なるものであることは知っておかなくてはならない。どれほど自らの罪を悔い反省したとしても、社会で生きていくための基盤がなければ、更生したくてもそのための手段が存在しない。それでは、反省させるだけでなく、更生に資する犯罪者処遇とはどのようなものか。本章では、刑務所の規律や保護観察の在り方から認知行動療法や就労支援といったプログラムに至るまで、これまで犯罪学が作り出してきた矯正保護分野におけるエビデンスを紹介しつつ日本の犯罪者処遇について考察する。

次のトピック「第10章　犯罪生物学の過去・現在・未来――脳・遺伝と犯罪」は、遺伝子研究や脳科学の急速な進歩とともに再び脚光を集め始めている、犯罪生物学の最前線について考察したものである。犯罪生物学は、犯罪原因を脳や遺伝子などの生物学的要因に求める。その考え方は世界で最初の犯罪学者といわれるチェーザレ・ロンブローゾ（Cesare Lombroso）が提唱した生来性犯罪人説のように、生まれながらの犯罪者を想定した決定論につながりやすい。だから、犯罪生物学は長い間タブー視されてきた。しかし、最新の科学は、虐待が脳の特定の部位の発達を阻害することで人の暴力傾向を高めるなど、特定の生物学的特性と特定の環境がつながったときに犯罪者が生まれやすいことを示している。そうした知見は、特定の生物学的負因を持っていても、環境を適切にコントロールすることで犯罪者となることを防ぐことができる可能性も示唆している。犯罪などの反社会的・暴力的な行動に生物学的要因が関与しているのは間違いないが、それが私たちの行為を運命づけているわけではない。生物学的な危険因子は、社会的な危険因子と結びついて暴力を生むのである。薬物依存症は脳が特定の刺激を求める衝動をコントロールできない状態にあるのだとすれば、脳に直接的な刺激を与えることで、その衝動を抑えることができるようになるかもしれない。最近では、脳を刺激することで被験者に特定の行動をとらせ、それが自由意思に基づいたものだと認識させる実験も行われている。刑法は、人が自由意思に基づいて故意に罪を犯した者に対して責任を問う意味で刑罰を科す。脳科学の発達は、人の自由意志がそれほど確かなものではないことを示しつつある。その観点からも、私たちは刑罰の在り方を考え直す時期にきているのかもしれない。

最後のトピック「第11章　日本における外国人犯罪」は、日本における外国人犯罪や彼らに対する刑罰の動向について考察したものである。日本では、まだ刑事政策上の大きな課題とはなっていないが、多くの先進国では、外国人やマイノリティに対する刑事司法の対応の違いが大きな問題となっている。アメリカでは、黒人の被疑者が白人警官に射殺される事件が後を絶たず、最近でもそのような事件に抗議する「Black Lives Matter」運動が各地で起き、暴動にも発展している。ヨーロッパの刑務所でも外国人受刑者の割合が年々高まり、それが人種問題にもつながっている。グローバル化する社会の中で、今後日本も労働力不足を補うためにも外国人労働者を積極的に受け入れることが予想され、外国人犯罪の増加も懸念されている。現在、外国人による犯罪は、絶対数としては少なく、外国人の検挙人員は大きな増加傾向にあるわけではない。しかし、絶対数は少ないとしても永住者に目を向けてみると、日本人と比較して、人口あたりの検挙人員や受刑者人員が何倍も多いことがわかる。しかも、その差は刑事手続が進むにつれて拡大する。つまり、諸外国と同様に日本においても、在日と呼ばれる永住者たちが刑事司法によって不利益な扱いを受けている可能性があるということである。筆者は、これまでにも日本の刑罰には強い逆進性があることを指摘してきた。一例を挙げれば、金銭的に余裕があったり、社会的地位が高かったりした場合、被害者との間に示談が成立しやすく、その結果、起訴猶予や執行猶予になりやすいという事実がある。グローバルな社会では、適正手続が保障されれば公正だとは限らない。2004年以降に日本における外国人犯罪が減少したのは、出入国管理法を改正して、初犯の不法滞在者が入国管理局に出頭すれば刑事手続を免除して帰国できる制度を創設したことで、急激な経済成長が始まった中国からの不法滞在者が大挙して帰国したためである。これは、日本での生活基盤が弱いなど犯罪リスクを抱えた外国人に彼らの自由意志に基づくとはいえ日本から出て行ってもらうことで成し遂げたものであり、社会的包摂や共生とはほど遠いものである。異質な存在を差別し、排除する社会では、差別される側の犯罪リスクを高めることとなる。世界で最も犯罪者に優しいとされる北欧でも、外国人に対しては厳しい対応をすべきだという世論が高まっている。今後、日本の刑事政策を考えるうえで、外国人とどのように共生していくのかが大きな鍵となるかもしれない。

第1部

少年非行の諸問題

第1章

少年非行減少の原因を探る

はじめに

2015年に内閣府が行った世論調査によると、78.6%の人が少年非行は増加していると回答している。2010年の同様の調査では75.6%であり、5年間で少年非行が増加していると考える人がやや増加している。しかし、現実には、少年非行はこの間大きく減少している。さらに長期的に見ると少年の検挙人員（警察等が検挙した事件の被疑者の数）は、非行の第3の波といわれた1983年のピークから減少傾向が続いている[1]。本章では、とくに顕著な減少傾向を示すようになった2003年以降に焦点を当てて少年非行減少の原因を分析してみたい。

図1-1にあるように、2003年以降、少年の検挙人員は、実数で見ても、少年人口あたりで見てもそれまでには見られないようなスピードで急激に減少している。しかも、子どもの貧困が深刻化し、大きな問題となっている時期に、少年非行が減少していることに留意が必要である。**図1-2**は、日本における子どもの貧困率を見たものである。子どもの貧困率は1980年代から上昇傾向にあるが、2003年以降も継続して貧困率が悪化している。同じ時期には、経済的理由により就学が困難であると認められ行政から就学援助を受けている児童生徒数も増加しており、少年をめぐる経済状況は悪化していることがわかる。つまり、経済状況

1　いわゆる酒鬼薔薇事件（1997年に発生した神戸連続児童殺傷事件）をきっかけに始まった少年に対する厳罰化の影響を受けた1998年から2003年の間は、検挙人員がやや増加傾向にあった。この時期のことを非行の第4の波と呼ぶむきもあるが、この増加が警察の少年事件に対する積極的検挙によるものであることについては、以下を参照されたい。近藤日出夫「少年鑑別所・少年院入院少年から見た日本の少年非行対策」浜井浩一編著『刑事司法統計入門』（日本評論社、2010年）。

図1-1　少年刑法犯検挙人員・人口比の推移

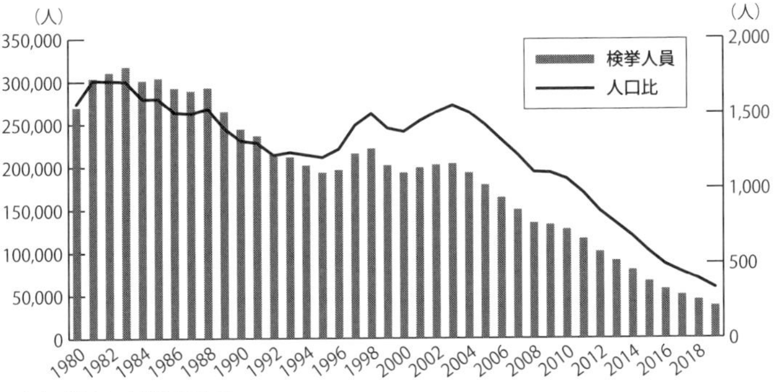

出典：『令和２年版犯罪白書』

図1-2　子どもの貧困率の推移

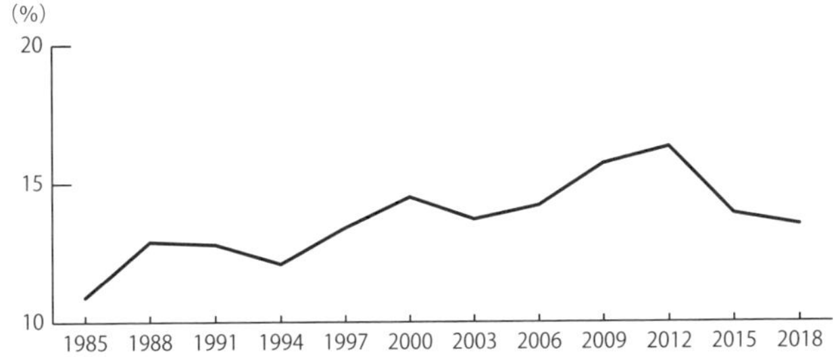

出典：厚生労働省「国民生活基礎調査」

的には非行が起こりやすい社会になっているにもかかわらず、日本では非行が急速に減少しているのである[2]。

筆者はこれまで、業務統計としての警察統計の特徴を指摘しながら、認知件数（警察が発生を認知した事件の数）を使用した犯罪動向の分析を批判的に検討してきた。たとえば2000年前後に暴力犯罪の認知件数が急増し、マスコミが治安悪化と大騒ぎをした際には、殺人（既遂）や

2　貧困は非行の直接的な原因ではないかもしれないが、ロバート・アグニューらは、社会階層（SESと呼ばれるもので、年収、教育歴、職業〔単純作業から専門・管理的作業〕から測定される）と非行との関係を実証的に分析し、貧困そのものが非行と直接結びついているわけではなく、貧困によって発生する経済的な困難（たとえば、家賃や光熱水道料金が払えない、給食費が払えない、費用が払えず課外活動に参加できない）の蓄積が非行に結びついていると指摘している（Robert Agnew, Shelley Keith Matthews, Jacob Bucher, Adria N. Weicher and Corey Keyes, 2008, ‘Socioeconomic Status, Economic Problems, and Delinquency, Youth & Society 40 pp.159-181）。

傷害致死が減少傾向にあることや（国連と協力して実施した）犯罪被害実態調査の結果などを指摘しながら、暴力犯罪の認知件数の増加は、1999年に発生した桶川ストーカー事件等を受けて警察が被害相談等の受理体制を強化した結果、数字上増加しただけで、実体としての暴力犯罪被害が増加したわけではないことを指摘した[3]。また、2002年をピークとする認知件数の減少についても、少子化や自動販売機荒らしなどに対する防犯対策とともに、事件認知方針を含む警察対応の変化を中心に分析してきた[4]。これらの分析は、少子化という側面を除けば、防犯対策を含めて警察における犯罪の取り扱いに焦点を当てつつ、統計上の犯罪の増減を説明しただけで、犯罪実体の本質的な変化とその原因については言及していない。ましてや、少年非行が少子化のペースを超えて急速に減少していることについてはほとんど説明してこなかった。そこで、本章では、少年非行が減少している原因を、とくに2003年からの急激な減少について、非行実態そのものの変化に着目して分析してみたいと思う。

筆者が少年非行の減少の実態に強い関心を抱いたのは、2017年に参加したヨーロッパ犯罪学会がきっかけである。筆者は犯罪減少を分析するセッションに参加したが、そのセッションの質疑で、ヨーロッパ全体でほぼ同じ時期から少年非行が急激に減少していることに議論の関心が集まった。日本でも同じ時期に少子化だけでは説明できないスピードで少年非行が急速に減少している。上記のように、筆者は、これまで業務統計としての警察統計の特徴を踏まえつつ、少子化や警察の取締り方針との関係から犯罪統計を分析してきたため、少子化から説明できる想定を超えた少年非行の減少は、警察が認知件数の減少を数値目標として設定し、自転車盗などの比較的軽微な非行を積極的に検挙しなくなったことの影響が大きいのではないかと考えていた。しかし、このセッションではスマホ（スマートフォン）の普及によって少年たちのライフスタ

3　浜井浩一『実証的刑事政策論』（岩波書店、2011年）。

4　浜井浩一「なぜ犯罪は減少しているのか」犯罪社会学研究38号（2013年）53〜77頁。

イルが変わったことが、少年非行の減少に大きな影響を与えているのではないかという指摘があり、その可能性を日本のデータでも検討してみたいと考えた。

世界で減り続ける少年非行

まず、少年非行の減少についてスマホの影響を指摘したオランダ人研究者の論文の分析を紹介し、そこでの説明が日本にも当てはまるかどうかを検討してみたい。論文のタイトルは「減少する少年非行——国際的な非行減少の説明（Declining juvenile crime - explanations for the international downturn）」[5]。著者はベアハスとワード（Bert Berghuis and Jaap De Waard）の２人で、共にオランダ治安・司法省の研究者である。彼らはオランダにおける少年非行の動向を分析するとともに、欧米各国との比較を行い、欧米で共通して起きている非行減少の要因についていくつかの仮説を提示している。オランダでは、日本とは異なり、1980年から2000年にかけて警察に検挙される少年の数は緩やかに、そして2000年から2005年まで急激に増加していたが、2007年をピークに急激に減少している。この減少は、保護処分になる少年についても概ね同様の傾向である。また、ベアハスらは論文の中で人口あたりの検挙人員をグラフにした年齢・非行曲線[6]を年代ごとに比較し、2006年以前と2007年以降では曲線の山が急低下していることを示している。とくに年少少年ほど減少率が顕著である。

ただし、ベアハスらが2007年以前と以降の変化について警察統計を詳細に分析した結果、2007年以前は、警察に接触（非行によって警察

5 Declining juvenile crime – explanations for the international downturn {Originally published in Dutch under the title "Verdampende jeugdcriminaliteit: Verklaringen van de internationale daling" Justitiële Verkenningen, vol.43, no.1, March 2017}, European Crime Prevention Network(EUCPN), 〈https://eucpn.org/document/declining-juvenile-crime-explanations-for-the-international-downturn-0〉.

6 後掲図2-9（60頁）は、日本における殺人についての年齢・非行（犯罪）曲線である。

がコンタクトしたケース）された非行少年以上に検挙（非行によって警察が何らかの公的アクションを起こしたケース）された少年が増加していたが、2007年以降は一転、検挙された少年は接触された少年以上に急激に減少していることがわかった。ベアハスらは、2007年以前は警察が少年非行に積極的に介入する方針をとっていたが、2007年以降は介入を緩めた可能性を指摘している。また、こうした傾向は、公共の場所で迷惑行為をした年少で初犯の少年ほど顕著であり、このグループの2007年以降の非行の減少は、警察の方針によるものとベアハスらは分析している。しかし、2007年以降の減少に最も貢献していたのは累犯少年の減少であり、同時期に被害少年の数も大きく減少していることから、ベアハスらは、警察の検挙方針だけで2007年以降の非行減少は説明できないとも指摘している。そしてベアハスらは、加害者・被害者、両方において犯罪リスクに関係する少年たちのライフスタイルに変化が生じている可能性を検討している。

次にベアハスらは、イギリス、アメリカ、ニュージーランド、カナダ、ドイツについて2007年を100とした少年の検挙人員の推移を比較している。そして、それぞれの国ごとに2007年以前は横ばいまたはわずかな増加傾向と多少の違いがあったものの、2007年以降はいずれの国においても検挙人員が5年間で20%以上減少していることを確認している。このような少年非行の減少は、ヨーロッパだけでなく北米やオセアニアでも同様の傾向がみられ、ヨーロッパでは2008年から2014年にかけて拘禁される少年の数が42%減少したことも確認している。この国際比較からも、オランダにおける少年非行の減少が単なる警察等の少年司法機関の方針の変化によるものだけではなく、少年非行そのものが減少し、その背景には国際的に共通する根本的な要因が存在している可能性が示されている。

筆者が、現在、少年司法の比較研究をしているイタリアでも同様の傾向が認められる。**図1-3**は、イタリア少年鑑別所（Centro di prima accoglienza）への新収容人員の推移を示したものである。2007年以

図1-3　イタリアの少年鑑別所への収容人員の推移

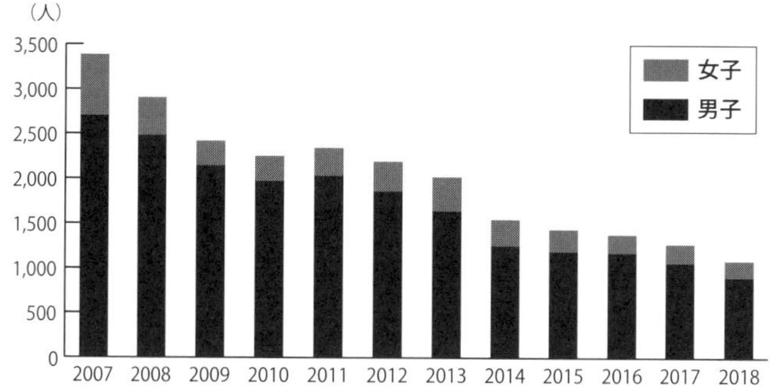

出典：I Servizi della Giustizia minorile 15 marzo 2017 (Dati statistici)

降、新収容人員が減少しているのがわかる。

非行減少を説明する３つのキーワード

　ベアハスらは、少年非行が減少している共通の原因について「Can」「May」「Want」という３つのキーワードを使って整理している。

「Can」とは、セキュリティの強化によって犯罪の実行そのものが困難となったことを意味する。車の盗難防止システムなどがこれに当たる。そのほか、建物への盗難防止装置の設置、カメラ機能のあるスマホや監視カメラの存在も犯罪発覚のリスクを高めることで非行を発現しにくくしている可能性がある。ただし、ベアハスらは、こうしたセキュリティ強化による犯罪実行の困難性だけでは年少者の非行の減少や累犯者による非行の減少は説明しにくいとも指摘している。

「May」というのは、逸脱行動に対する社会的な寛容度を意味している。20世紀中頃は、権威に反抗する若者たちに対して、社会の中に一定程度寛容な態度が存在していた。しかし、1990年代ぐらいからそれが少しずつ変化し、アメリカのゼロトレランスに代表されるように少年非行に対して不寛容な社会へと変わっていったとベアハスらは指摘している。社会が少年による逸脱行動に対して不寛容となり、非行に対する社会からの非難の度合いが増加することで、刑事司法機関も非行に対して杓子定規でフォーマルな対応をとるようになってきた。それによって少年たちが逸脱行動を選択しにくくなってきた可能性があるという指摘である。

「Want」とは、少年たちが非行を求めない、少年たちにとって非行が魅力的な選択肢ではなくなったことを意味している。ベアハスらは、少年非行減少の原因として、この要素を一番重視している。少年非行は、家族や学校の機能やそれらと少年たちの関係性の影響を受けやすい。また、少年非行は、思春期特有の心理・社会的な影響や薬物依存などのライフスタイルとも関係している。そしてなにより非行少年の増減に強い影響を与えるものとして、非行少年同士のつながり、つまり不良集団の存在がある。思春期になると親の影響よりも、仲間、少年同士の影響が強くなる。これらの存在が少年たちのライフスタイルを通して非行に影響を与える。そのうえでベアハスらは、少年たちのライフスタイルや行動の変化に着目する。たとえば、オランダでは2003年以降、青少年の薬物使用が減少している。この傾向は、違法薬物だけでなく、高校生などの少年たちの飲酒も同様であり、少年たちの飲酒量も年々減少している。また、同じ時期に高校中退率も20%減少している。さらに、同じ時期に、オランダだけでなく、ドイツやイギリスでも少年たちの生活への満足度が改善していることが確認されている。

そして、なによりも顕著に変化したのが、少年たちの使うメディアである。2007年（iPhoneがリリースされた年）以降、10歳から18歳の少年のほとんどが、コミュニケーションの道具としてスマホを中心とする携帯を所有するようになった。これによって、インターネットへのアクセスが増加し、少年たちは、ゲームだけでなく、チャットや動画鑑賞などをパソコンではなくスマホで行うようになった。ベアハスらの論文で示されている2011年の調査では、オランダでは1日平均約3時間がこれらの活動に費やされていると報告されている。当然、このことは、直接的な他者との交流が減っていることを意味している。スマホの普及によって、少年たちは、ストリートを仲間とうろつき、飲酒をするよりも、より多くの時間を小さなスクリーンの前で過ごすようになったのである。そして、彼らの多くは学校にとどまり、総じて生活に対して満足しているのである。

まとめると以下のようになる。ベアハスらは、少年検挙人員の減少の一部分は、少年非行に対する警察の方針変化によって説明できるが、それだけでは説明しきれない部分は大きく、また、国際的に同じように少年非行が減少している以上、非行は実態として減少しつつあり、そこには共通の原因があるはずであると考えた。その原因として彼らが有力だと考えているのが、スマホなどの新しいテクノロジーによって、少年たちのライフスタイルが変化している可能性である。テクノロジーの発達によって犯罪の実行が困難になると同時に、少年非行に対する社会的非難が強まる中で、スマホのスクリーンを通して多様な暇つぶしの選択肢が提供されることで、少年たちにとって不良集団に加わり、ストリートを徘徊することがあまり魅力的な選択肢ではなくなり、結果として非行が減少しているのではないかというのがベアハスらの仮説である。少なくともオランダでは、2007年から2015年にかけて検察が扱う少年事件は60%減少し、保護処分を受ける少年も激減している。そして、この減少は成人の刑事司法でも起きている。少年事件が減れば、その後の成人犯罪も減るはずであり、この傾向はしばらく続くと彼らは結論づけている。

日本における少年非行減少の理由

ベアハスらは、それまで国ごとに異なった動向を見せていた少年非行が2007年以降オランダを含む欧米先進国で同時並行的に減少傾向に転じたことに着目して、その原因を整理・分析した。ここでは、彼らが用いた「Can」「May」「Want」という3つのキーワードを使った説明が、同じ先進国である日本にも当てはまるのかどうかを検討してみたい。とくに、これら3つのキーワードの中核をなすのが「Want」であり、スマホの存在が、少年の非行文化や不良集団のあり方、少年たちのライフスタイルそのものを「非」非行化させているという指摘について、日本の少年たちの非行周辺行動の変化なども含めて検討してみたい。また、日本における少年非行の急激な減少は2003年をピークに始まっており、ほぼ横並び的に2007年をピークとしている欧米先進国とは少しずれている。この点についても検討してみたい。

「Can」、つまりスマホの普及を含めてセキュリティの強化等によって犯罪の実行自体が困難になっていることについては、日本も同様である。とくに日本の場合、不良集団による非行としてはバイク盗や自動販売機荒らしなどが典型例であったが、これらはバイクの直結防止や自動販売機の堅牢化によって、バイク盗については2000年をピークに、自動販売機荒らしについては1999年をピークに急激に減少している。そのほか、盗難防止装置の設置、カメラ機能のあるスマホや監視カメラの普及も犯罪発覚のリスクを高めている。近時、LINEやTwitterなどのSNS（ソーシャル・ネットワーキング・サービス）の中でのいじめ等が問題となっているが、SNSを使用することは、記録（証拠）が残り、発覚しやすくなっている。また、スマホには撮影・録音機能がついており、最近、パワハラ等さまざまなスキャンダルの暴露という分野で活躍しているが、SNS等によってこれらのデータが瞬時のうちに公開されることもこうした行為の発覚のリスクを高めている。

「May」、つまり少年による（大人社会に反抗することを含む）逸脱行動に対して社会全体が不寛容になってきたことが社会的圧力となって非行を発現させにくくなっていることについても、日本も同様である。たとえば、未成年の飲酒に対する社会の態度がこの15年間で大きく変化している。筆者が大学教員になった2003年には、当たり前のように行われていた大学1年生との飲酒を含むコンパが、2017年度に筆者が法科大学院から法学部に移籍してみると基本的に許されないことに変わっていた。最近では、大学1年生が19歳の誕生日にジョッキ[7]で乾杯をして

7　本人によるとノンアルコールビールとのことであった。

いる写真をSNSに投稿したりすると、第三者から大学に当該学生を退学にするようにと匿名の連絡が入るようになった[8]。社会が不寛容（逸脱的行動に敏感）になったのは、なにも少年に対してだけでなく、コンプライアンスという言葉が頻繁に使用されるようになり、それを旗頭に、スマホを含むネット社会の発達に伴ってルール違反が発覚しやすくなり、なおかつ、それを匿名で告発しやすくなってきた。ある意味、総監視社会が到来したのである。これによって、小さな逸脱行動も摘発されやすくなってきた。この現象のポジティブな側面としては、飲酒運転やハラスメントといった個人の問題行動だけでなく、おそらく談合や汚職なども以前と比較してかなりやりにくくなっているはずである。ある意味、「Can」と「May」は相互に補強しあっているともいえる。スマホなどのテクノロジーが監視を強化し、逸脱行動の発覚を容易にし、記録が残ることで、ごまかしがきかなくなり、社会全体が逸脱に対して不寛容な態度をとらざるをえなくなってきたともいえるのかもしれない。

「Want」、つまり非行自体が少年たちにとって魅力的な選択肢ではなくなったことについても、日本も同様である。3つのキーワードの中でこれが最も重要な理由は、他の2つは、テクノロジーの発達によって、社会全体の監視や圧力が高まり、物理的または心理的に非行が抑止されているのではないかという説明でしかなかったが、再犯防止を含む非行防止の観点で最も重要なことは、少年たちの生活の中に非行をする以外の選択肢があるかどうかということであり、「Want」はこの疑問に答えているからである。「Can」と「May」だけでは一時的に抑止できたとしても継続的に非行を防止することはできず、形を変えた逸脱行動が現れる可能性が高い。しかし、「Want」は、スマホなどが少年たちに新たな暇つぶしや人や社会との新たなつながりの方法を提供することで、彼らのライフスタイルそのものを変化させ、地域の不良集団を用済みにしてしまったと説明する。セキュリティが強化され、非行自体に対する社会的な非

8　1980年代には、若者の反抗心を歌った尾崎豊の曲がヒットするなど大人を含めて社会的に受け入れられている。

難が強まり、非行の発覚、そして制裁というリスクが高まる中で、非行とは異なるリスクを伴わない魅力的な活動の選択肢が提示されれば、少年たちがそちらに流れるのは必然である。本章では、この点に焦点を当てて、日本の少年非行と少年たちの周辺行動がどのように変化しているのかを確認していきたい。

日本の少年非行の変化

まず、1980年代、つまり非行の第3のピークといわれた時代に、少年鑑別所で筆者が見てきた典型的な少年たちの非行化のプロセスを確認しておきたい。深刻な虐待等を背景として一部小学生から非行化し、児童自立支援施設（当時の教護院）に収容されるような子どもたちを除いて、一般的に少年たちが非行化するのは思春期が始まる14歳、中学2年生の夏休みぐらいからであった。貧困や両親の不仲など家庭に問題を抱える少年の場合、中学2年生ぐらいから授業についていけなくなり、次第に不全感（生きづらさ）をためこむようになる。この時期は、文部科学省的な言い方をすれば[9]、人間としての生き方を踏まえ、自己を見つめ、向上を図るなど自己の在り方に関する思考を確立する時期である。この時期に家庭にも学校にも居場所や出番がないと、不全感を補償する意味からも背伸びをして他の同級生がしないような喫煙や飲酒、夜遊びといった不良顕示的な行動をとるようになる。そうすると学校内や地域の不良集団に目をつけられるようになり、次第に不良集団に吸収されていく。そして、不良集団を居場所として、そこでの出番、つまりさまざまな活動によって集団内での地位を確立していく。つまり、不良集団の活動を通して、シンナー吸引、恐喝、バイク盗などの非行を学習していく

9　文部科学省・子どもの徳育に関する懇談会（2009〔平成21〕年9月11日）「子どもの徳育の充実に向けた在り方について（報告）3．子どもの発達段階ごとの特徴と重視すべき課題」〈http://www.mext.go.jp/b_menu/shingi/chousa/shotou/053/shiryo/attach/1282789.htm〉。

のである[10]。不良集団が暴走族であれば、これらの非行に加えて暴走行為を繰り返すようになる[11]。1980年代は、100人以上のメンバーを抱える暴走族も珍しくなく、地域ごとに地域不良集団が存在し、夕方になると駅前やコンビニの前、公園等に集団でたむろしていた。

それから30年、暴走族はほとんど消滅し、駅やコンビニ、公園にたむろしていたヤンキー少年（今はやりのマイルドヤンキーではなく、本物ヤンキー）たちもあまり見かけなくなった[12]。いったい彼らはどこに行ったのか。

おわりに――サブカルチャーとしての非行文化の衰退

2008年に刊行された『若者文化をどうみるか？』[13]の中で編者の広田照幸は、（非行文化を含む）サブカルチャーとしての若者文化の機能として、①愉しみや気晴らし、②社会関係の形成ツール（仲間集団を作り出し維持するための接着剤、社会的孤立を回避させ、共同的な文化消費を通して、人間らしい関係を構築させる）、③アイデンティティの源泉（自分とは何者か、親や教師への従属からの自立）の3つを指摘している。不良集団は、サブカルチャーとしての非行文化の担い手として、（不良）少年たちに、①楽しみや暇つぶし、②人間関係を作り孤独を回避できる居場所、③（大人たちに対抗して）自分たちを肯定できるアイデンティティを与えてきたのである。ベアハスとワードの分析を借りると、スマホやス

10　最近でも、この古典的非行化のパターンがまったく消失したわけではない。次の論文に典型的な事例が紹介されているので参照されたい。須藤明「情状鑑定の実践からみた青年像」青少年問題671号（2018年）34～41頁。

11　ただし、不良集団の少年の多くは、逮捕・補導されたり、少年鑑別所や少年院に収容されたりしたとしても、ある時期を過ぎると先輩たちの後に続いて20歳前後には非行から離脱し、普通の社会に戻っていく。ある意味、こうした不良集団は、非行学校であると同時に、先輩後輩といった関係を含む一つの社会集団であり、先輩の姿を見ながら、あるいは先輩たちに紹介してもらいながら、ガテン系ともいわれていた建設関係や飲食関係の仕事に就くことで非行から離脱していったのである。

12　2018年1月27日の高知新聞夕刊の1面に「認知件数増減の裏に警察方針」という記事が掲載されたが、その取材を受けた際に、高知県警を取材した記者が、非行少年を含めて若者が街をうろつかなくなったという警察官のコメントを話してくれた。

13　広田照幸編『若者文化をどうみるか？』（アドバンテージサーバー、2008年）。

マホを通したSNSが、こうした若者文化の形成場所を含む形成過程（プロセス）そのものを不良集団からネット・コミュニティーへと変化させ、そこでさまざまな新しい選択肢を提供することで、サブカルチャーの担い手としての地域不良集団の役割を奪い取ってしまったのである。

社会学者の土井隆義も、現在のように子どもの貧困や格差が広がる一方で非行が減少し続けている背景には、非行キャリア形成の担い手である不良集団（非行グループ）の弱体化によって非行文化を学ぶ機会が減少してきたことにあると指摘している[14]。土井も言及しているが、最近の若者サブカルチャーは、SNSなどのネット・コミュニティーの発達によって、世代や階級に関係なく、同時に成員資格も曖昧な「トライブ化」[15]していると指摘されている。つまり、音楽やコミックマーケット、オンラインゲームなどに対してネット上にコミュニティーが作られ、関心のある者が、好きなときに、好きなだけつながることができるようになった。そこには、世代的な障壁もなく、また、縦の関係も存在しない。以前の不良集団のような周囲との境界線もなく、煩わしい先輩後輩の関係もない。当然、周囲と対立することも少ない。嫌々先輩の使い走りをする必要もないのである。非行文化の担い手であった不良集団が、トライブにとって代わられるのは必然といえるのかもしれない。

また、非行文化衰退に、産業構造の変化も影響している[16]。従来の不良集団は、非行を学習する場であると同時に、非行からの離脱を学習する場でもあった。暴走族に所属した少年の多くは、成人になると先輩たちに引っ張られる形で引退、非行から離脱し、運転手や左官、大工など建設関係の職場に就職していった。しかし、グローバリゼーションや技術の進歩は、先輩にしごかれスキルを身につけなくてはならない熟練工を不要な存在とすることで非行文化の伝承そのものを断ち切ってきた

14　土井隆義『若者の気分──少年犯罪〈減少〉のパラドクス』（岩波書店、2012年）。

15　内山悟志「【近未来の組織運営とIT】組織と人材の「トライブ化」が企業の情報環境を激変させる」DIAMOND online（2013年11月11日）〈https://diamond.jp/articles/-/44125〉。

16　筒井美紀＝阿部真大「文化は労働につれ、労働は文化につれ──ヤンキー文化とブルーカラー労働の相互関係を事例に」広田編・前掲注13書。

側面がある。出来栄えが職人の技量に左右される左官仕事は隅に追いやられ、外壁には工場で生産されたパネルや合板を、内壁には同じく工業製品の壁紙やビニールクロスを貼り付けるローコストな工法が主流になった[17]。最近の建築は、土台の上や鉄骨の枠に工場で作ったパネルを貼り付ける工法が主流であり、熟練工の出番は激減している。不良集団に所属していた少年たちにとっての向社会的な出口である尊敬される熟練職人（親方）といったモデルが消滅しつつあるのである。同時に、不良集団の反社会的出口である暴力団に関しても、暴力団排除条例等によって、羽振りのよい暴力団員は影を潜めている。彼らも現場の熟練工と同様に非行少年たちにとっての憧れの存在ではなくなってきたのである。つまり、不良集団にとっての向社会的・反社会的という両方の出口が魅力的でなくなることで、不良集団そのものが少年たちにとって魅力的な選択肢ではなくなり、ある意味、市場価値を失ってきたともいえる。

先に述べたように、日本の少年非行にも非行文化や不良集団の衰退が関連しているのは間違いがないが、そうした現象は、スマホが普及する以前から始まっている。次章では、そのあたりを詳しく分析してみたい。

17 興山英雄「東京五輪バブルを前に消えゆく“左官”！——職人激減の業界で女性と若者の雇用も実現する『原田左官』が異色なワケ」週プレNEWS（2017年5月21日）〈https://wpb.shueisha.co.jp/news/economy/2017/05/21/85024/〉。

第2章

非行少年たちはどこに行ったのか

はじめに

本章では、第1章で紹介したベアハスらの論文において少年非行減少の根幹的な原因であると指摘された非行文化やその担い手である不良集団の衰退が日本でも進んでいる様子を統計的に確認するとともに、日本においては、欧米先進国よりもやや早い時期から少年非行が減少し始めた原因について分析する。そのうえで、現在の少年非行の急激な減少が少年たちの健全育成という観点から本当に望ましい現象なのかどうかについても検討してみたい。

統計からみた非行文化の衰退

ここからは、少年非行減少と密接に関係している非行文化の衰退を統計的に検証していく。

図2-1は、年齢層別の非行少年の検挙人員を示したものである。少子化の影響もあり長期的に見れば少年非行は減少傾向にあるが、1990年代の横ばい状態を経て急激に減少し始めたのは2002〜2003年からである。とくに、14〜15歳の年少少年については2009年からさらに速度を上げて減少傾向が強まっており、この点はドイツやオランダなどの欧米先進国と共通している。そして、その減少は前章**図1-1**にあるように人口比で見ても明らかである。

前章で述べたように、非行文化の登竜門は中学生時の喫煙と飲酒である。**図2-2**は、平成30年度厚生労働科学研究費補助金による「飲酒・

図2-1　年齢層別少年検挙人員の推移

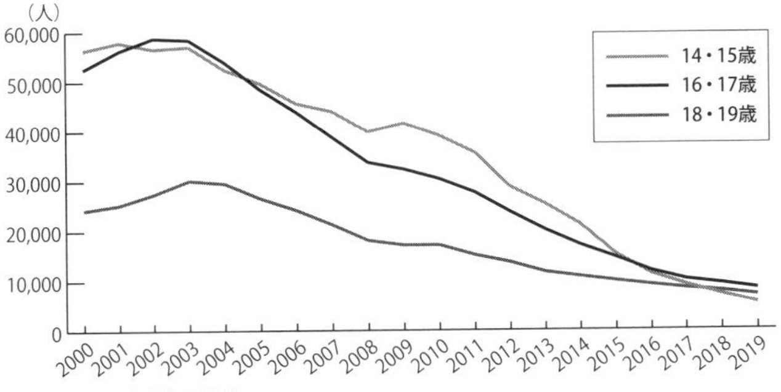

出典：『令和２年版犯罪白書』

図2-2　中学生による飲酒・喫煙の経験率の推移

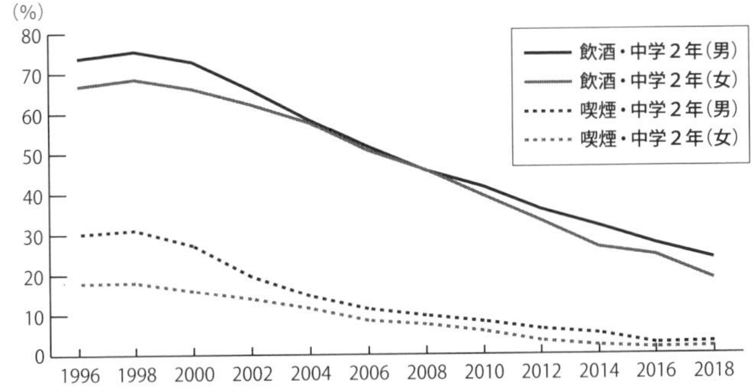

出典：飲酒・喫煙・薬物乱用についての全国中学生意識・実態調査（2018 年）

喫煙・薬物乱用についての全国中学生意識・実態調査（2018年）」[1]の結果を示したものであるが、中学生の喫煙率は1998年をピークに大きく減少傾向にある。また、同調査によると、覚せい剤や大麻を含む何らかの薬物の経験率（中学生）は、日本の場合もともと３％未満と諸外国と比べて極めて低かったが、1998年からさらに減少傾向にあることがわかる。たとえば中3男子の大麻・覚せい剤・シンナーなどの薬物使用歴は1998年の2.9%から2018年の0.8%に減少している。

1　研究代表者：嶋根卓也「飲酒・喫煙・薬物乱用についての全国中学生意識・実態調査（2018年）」（国立研究開発法人国立精神・神経医療研究センター精神保健研究所薬物依存研究部、2019年）〈https://www.ncnp.go.jp/nimh/yakubutsu/report/pdf/J_NJHS_2018.pdf〉。

図2-3　20歳未満の暴走族人員・毒劇法違反送致人員の推移

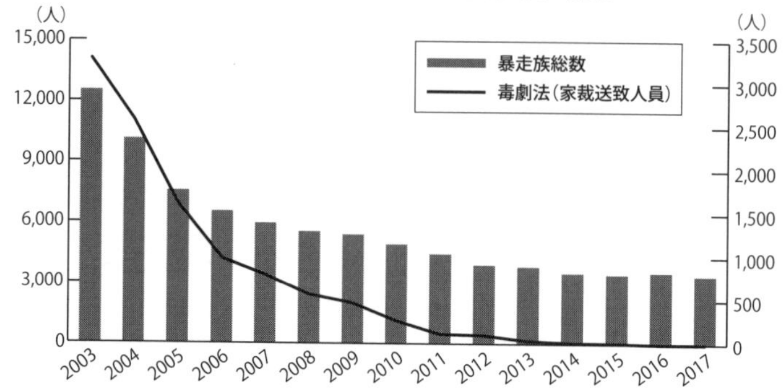

出典：『令和元年版子供・若者白書』

図2-4　不良集団関係別少年院入院者の推移

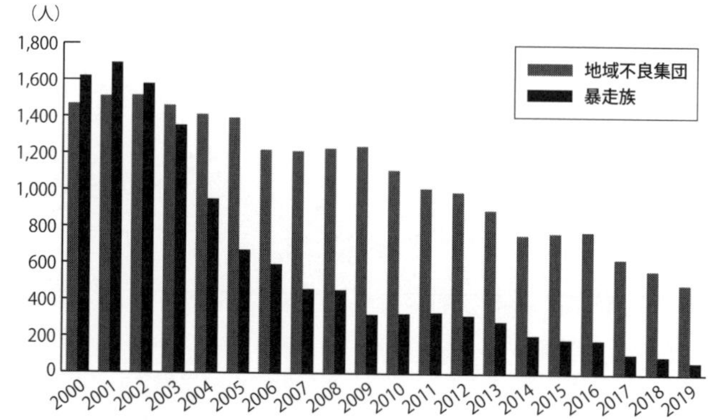

出典：『令和２年版犯罪白書』

図2-5　性感染症に罹患した少年の推移（15～19歳）

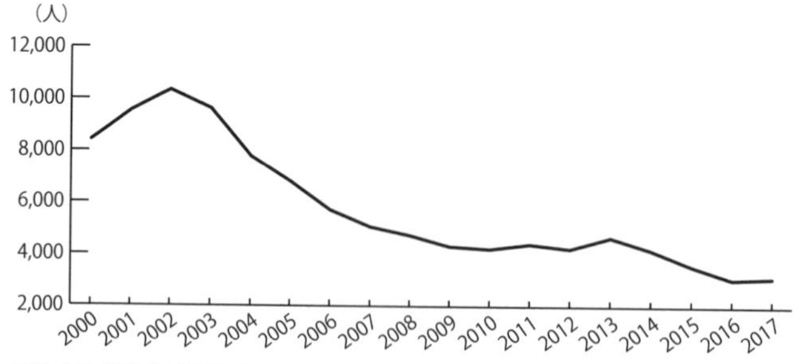

出典：厚生労働省の統計による。

1980年代における非行文化の最大の担い手は暴走族であった。そして、当時、暴走族や地域不良集団に所属して最初に覚える非行がシンナー（有機溶剤）の吸引であった。**図2-3**は、暴走族の少年構成員数と、毒物及び劇物取締法違反（シンナー吸引）による家庭裁判所送致人員を示したものである。どちらも急激に減少している。また、**図2-4**は、少年院に収容された者のうち地域不良集団または暴走族に所属していた者の数を示したものである。2003年から減少傾向にあり、ここからも不良集団とそこを媒介とした非行文化の衰退が見てとれる。

さらに、非行文化の特徴として、非行少年は一般少年よりも早く性経験を持つ傾向がある。**図2-5**は厚生労働省が調べた15歳以上の少年の性感染症者数を示したものであるが、2002年をピークに減少傾向にあるなど、いわゆる不純異性交遊と呼ばれる性行為においても非行文化の衰退を見ることができる[2]。少年の性経験そのものについても日本性教育協会の調査によると、「性交経験がない」と回答した高校生が、男子では2008年調査69.2%、2014年調査83.1%、女子では2008年調査69.2%、2014年調査86.3%となっており、男女ともに性交経験率が大きく減少している[3]。

以上見てきたように、日本におけるサブカルチャーとしての非行文化や不良集団の衰退は、構成員の減少だけでなく、飲酒を含む薬物使用や性行為等にも顕著に表れており、しかもそれはスマホが普及する少し前から始まっている。

子どもの貧困の増加と非行の減少

社会学者の土井隆義[4]は、子どもの貧困率の上昇など少年たちをめぐ

2　厚生労働省「性感染者報告数（2004年〜2019年）」〈https://www.mhlw.go.jp/topics/2005/04/tp0411-1.html〉。

3　東京都幼・小・中・高・心性教育研究会「児童・生徒の性に関する調査」現代性教育研究ジャーナル45号（2014年）1〜6頁。

4　土井隆義『若者の気分——少年犯罪〈減少〉のパラドクス』（岩波書店、2012年）。

る客観的な社会情勢が悪化しているにもかかわらず、少年非行が減少している理由をマートン（Robert K. Merton）のアノミー論（緊張理論）の枠組みを使って説明している。アノミー論とは、金持ちになるという文化的目標と、それを達成する制度的手段との間に齟齬が発生すると、それが強いフラストレーションとなり緊張状態を生み出し、非行化しやすい状況が生み出されるという理論である。アメリカのように、いわゆるアメリカンドリームによって文化的な目標を高く掲げることに価値が置かれる一方で、現実には10%の人たちが90%の富を独占するともいわれる社会においては、アメリカンドリームを実現する制度的手段にアクセスできる人が現実には限られてしまうため、多くの人がフラストレーションを抱えることになり、それが多くの犯罪を作り出していると考えるのがアノミー論である。この枠組みを使って土井は、たとえ格差や貧困などによって社会的に成功するための手段が制限されているとしても、社会的野心を持たず、現状に満足してしまえばフラストレーションや緊張状態が生じないため、その結果としての非行も増えないと説明した。ある意味、高望みしないで現状を受け入れてしまえば、非行の原因となる不満も生じないということである。現状に対する不満や焦りが生じなければ、それらを原動力としていた非行文化（不良集団）も存在意義を失うのである。

実際、厚生労働省が実施した「全国家庭児童調査」[5]によると、2004年から2009年にかけて小・中・高校生ともに「幸せだと思う」者の割合がそれぞれ、6ポイント、7ポイント、1ポイントずつ増加している。また、内閣府が実施した「小学生・中学生の意識に関する調査」によると、2006年から2013年にかけて「家庭が楽しい」「学校が楽しい」と回答する者の割合が、それぞれ16ポイント、9ポイントずつ増している。さらに、**図2-6**は高校中退者の推移を示したものであるが、2000年以降、中退者が減少しているのがわかる。

このように、ベアハスらの論文にも指摘されていた、少年たちの飲酒

5　厚生労働省「全国家庭児童調査」〈https://www.mhlw.go.jp/toukei/list/72-16.html〉。

図2-6　高校中退者数の推移

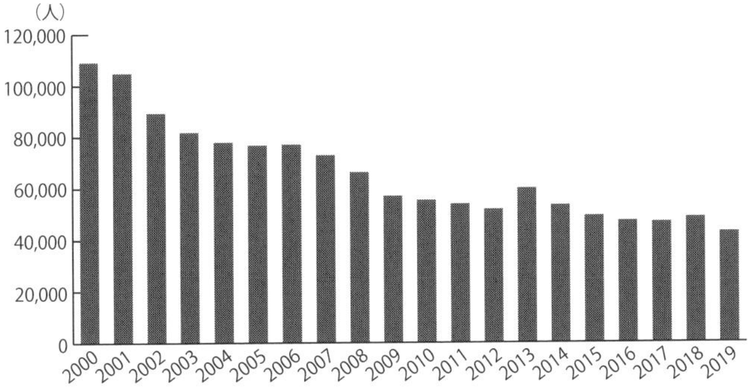

出典：『令和２年版子供・若者白書』

を含む薬物使用の減少や生活に対する満足度の向上、高校中退率の低下といった少年たちのライフスタイルの変化が日本でも同様に認められることが確認できた。

警察の取締り方針や防犯対策と少年非行

　ベアハスとワードの論文においても指摘されているように、少年非行に関する統計は警察の検挙・補導活動によって作られる。したがって、少年非行の統計は、当然に警察の少年非行に対する取締り方針の影響を受けることになる。元東京少年鑑別所長の近藤日出夫は、1990年代後半からの「非行の第4の波」といわれる非行少年（とくに少年鑑別所収容少年）の増加を分析し、「第4の波」が実態として非行の凶悪化や少年非行の増加によるものではなく、警察が少年非行に積極的に介入するようになったこと、とくに検挙した少年の身柄を積極的に確保（逮捕・勾留）するなどの方針転換によるものであることを指摘している[6]。つまり、この時期、一時的に少年鑑別所などの収容人員が増加したのは、従来は身柄付送致とはなりにくかった年少少年や学生・生徒、有職者などの

6　近藤日出夫「少年鑑別所・少年院入院少年から見た日本の少年非行対策」浜井浩一編著『刑事司法統計入門』（日本評論社、2010年）。

身柄付送致率の上昇によるものなのである。

1997年6月3日の全国警察少年担当課会議において関口祐弘警察庁長官（当時）は、「悪質な非行には厳正に対処、補導を含む強い姿勢で臨む」と表明し、それを受けて、警察庁は同年8月「少年非行総合対策推進要綱」を制定している。この新要綱では、「強くやさしい」少年警察運営の推進に努めることを基本とし、強盗など罪名が重大であったり、事件内容が悪質であると判断したりした場合には、積極的に逮捕することが指示されている。当然、オランダと同様に、2002年頃からの少年非行の減少にはその反動が含まれていることを考慮しなくてはならない。

犯罪全体へと視野を広げてみると、実は日本の認知件数は、車上狙いや自転車盗などいわゆる街頭犯罪を中心に2002年をピークとして急激に減少している。その背景には、警察庁の犯罪取締り方針の変化がある。2002年11月、警察庁は街頭犯罪・侵入犯罪抑止総合対策の推進を図ることとし、2003年に、犯罪抑止のための総合対策、治安基盤の確立等を内容とする「緊急治安対策プログラム」を策定した。認知件数は行政の事件処理件数を示した業務統計であり、犯罪の発生状況だけでなく、職務質問の在り方、被害届の受理の仕方、犯罪件数の数え方など警察の事件処理を工夫することでも増減する。事実、認知件数の削減を数値目標化したことで大阪府警などにおいて認知件数の不正計上などが問題となっている[7]。

また、街頭犯罪については、セキュリティの強化などの防犯対策が一定程度効果を持っている。これについては、『平成19年版警察白書』が、警察を中心とする防犯対策によって2006年の刑法犯認知件数は、2002年と比較して80万2,889件（28.1％）減少し、同期間中、主な街頭犯罪の認知件数は68万6,935件（42.1％）、主な侵入犯罪の認知件数は13万6,213件（36.4％）とそれぞれ大きく減少したと指摘している。また、同白書は、増加時と同様に2002年から2006年にかけての

7　浜井浩一「なぜ犯罪は減少しているのか」犯罪社会学研究38号（2013年）53〜77頁。

刑法犯認知件数の減少に対する寄与率を罪種や手口別に分析し、窃盗のうちの車上ねらい（29.6%）、自転車盗（15.7%）、自動販売機ねらい（14.8%）、オートバイ盗（13.1%）がとくに大きく寄与しているとしている。これらは、いずれも少年非行に多い手口でもある。

要するに、2002年をピークとする刑法犯認知件数の減少は、街頭犯罪に対する効果的な対策によってもたらされたものだというのが警察白書の分析である。とくに減少に貢献したのが、車上ねらい、自転車盗、自動販売機ねらい、バイク盗である。たしかに、これらの犯罪類型は被害対象物を堅牢化するなどの対策の効果は出やすいと考えられる。

おそらく自動販売機ねらいはその典型であろう。自動販売機の堅牢化については、1996年8月に日本自動販売機工業会がその基準を制定した。その結果、2006年には、堅牢化される以前の旧式の自動販売機はほとんど姿を消している。自動販売機ねらいの認知件数は、1992年から急上昇したものの1999年をピークに急降下するなど、他の街頭犯罪とは明らかに異なる動きをしている。そして、それが自動販売機に占める堅牢化率と相関しており、自動販売機ねらいの認知件数の減少には堅牢化の効果があったものと推認できる[8]。

さらに、刑法犯認知件数減少の寄与率No.1の車上ねらいは、その過半数が駐車場で発生する。車上ねらいについても手口が特定できるだけに防犯対策が一定効果を持つことが期待できる。たとえば、防犯カメラ（CCTV）の効果を包括的に検証したキャンベル共同計画[9]のレビューによると、防犯カメラは唯一駐車場における車両関係犯罪の防止に効果があることが確認されており、近年、警察や自治体を中心にその設置が促されている防犯カメラによって車上ねらいが減少している可能性は否定

8　全国清涼飲料工業会「飲料自販機な・る・ほ・どBOOK！」（2007年）9〜10頁〈http://www.jvma.or.jp/information/naruhodo.pdf〉。

9　キャンベル共同計画（Campbell Collaboration）とは、社会政策の分野における(政策的)介入の効果に関して、政策立案者を含む人々が正しい情報（エビデンス）に基づいた判断を行うことができるように援助することを目的として2000年に発足した国際的な非営利団体である。

できない[10]。

このように少年非行の統計上の減少には、警察の少年非行に対する方針の変化や少年非行のターゲットに対するセキュリティの強化によって非行の実行そのものが困難になったことが寄与している可能性は否定できず、それが日本において少年非行の減少が2002年前後から始まっている要因の一つである可能性は高い。

日本の少年非行はなぜ減少しているのか

これまでの分析をまとめると、2002年以降の少年検挙人員等警察統計の減少については、警察の検挙方針の変化や防犯対策などさまざまな要因が影響している。しかし、欧米先進国と同様に、最近の日本における少年非行は警察の方針等の変化で説明できる範囲を超えて減少していることも事実である。そして、非行文化に関連する統計を見る限り、少年非行の実態としての減少には、不良集団の解体と、それに伴う非行文化の衰退があるのは間違いない[11]。土井の指摘するとおり、不良集団の弱体化によって、非行文化を学習し、非行キャリアを積み上げる機会が消失してしまった可能性は高い。これは、非行文化の入口でもある中学生の喫煙率や飲酒率が低下し、暴走族などの不良集団に加入する少年たちの減少からも明らかである。

前章に記したように、不良集団は、非行を学習する場であると同時に、非行からの離脱を学習する場でもあった。暴走族に所属した少年の多くは、成人になると元ヤン（元不良少年）の先輩たちに引っ張られる形

10　詳細は以下の冊子を参照されたい。Welsh, B. C., & Farrrington, D. P. (2008). Effects of Closed Circuit Television Surveillance on Crime. Campbell Systematic Reviews, 4(1), 1-73（竹中祐二訳「CCTVによる監視の防犯効果」キャンベル共同計画　介入・政策評価系統的レビュー〔龍谷－キャンベルシリーズ〕6号、2012年）.

11　最近、稀に発生する少年による殺人事件について、マスコミ等は凶悪化の枠組みで捉えようとしがちであるが、筆者を含めて専門家の多くは稚拙化の枠組みで説明することが多い。ある意味、非行文化は、焼きを入れるといった際に取り返しのつかなくならないところでやめておくというブレーキの役割も果たしていたのである。

で非行から離脱し、運転手や左官、大工など建設関係の職場に就職していった。しかし、グローバリゼーションや技術の進歩は、先輩にしごかれスキルを身につけなくてはならない熟練工を不要な存在とすることで非行文化の伝承そのものを断ち切ってきた側面がある。出来栄えが職人の技量に左右される左官仕事は隅に追いやられ、外壁には工場で生産されたパネルや合板を、内壁には同じく工業製品の壁紙やビニールクロスを貼り付けるローコストな工法が主流になった[12]。最近の建築は、土台の上や鉄骨の枠に工場で作ったパネルを貼り付ける工法が主流であり、熟練工の出番は激減している。不良集団に所属していた少年たちにとっての向社会的な出口である尊敬される熟練職人（親方）といったモデルが消滅しつつある。同時に、不良集団の反社会的な出口である暴力団に関しても、暴力団排除条例等によって、羽振りのよい暴力団員は影を潜めている。彼らも現場の熟練工と同様に非行少年たちにとっての憧れの存在ではなくなってきたのである。つまり、不良集団にとっての向社会的・反社会的という両方の出口が魅力的でなくなることで、不良集団そのものが少年たちの人生にとって魅力的な選択肢ではなくなったのである。ある意味、不良集団や非行文化が市場価値を失ってきたともいえるのかもしれない[13]。その証拠に最近、青少年向けの漫画雑誌から不良（ヤンキー）を主人公とするものが激減している。

この点については、『ルポ川崎』[14]という書籍の中で、磯部涼が、川崎のいわゆる問題地域の非行少年たちについて「川崎のこのひどい環境から抜け出す手段は、これまで、ヤクザになるか、職人になるか、捕まるかしかなかった」「自分たちの周りで金持っているヤツは親が職人として

12　興山英雄「東京五輪バブルを前に消えゆく“左官”！――職人激減の業界で女性と若者の雇用も実現する『原田左官』が異色なワケ」週プレNEWS（2017年5月21日）〈https://wpb.shueisha.co.jp/news/economy/2017/05/21/85024/〉。

13　暴走族が少年たちにとっても魅力のない存在になってきたプロセスについては、以下のブログを参考にされたい。加藤久美子「暴走族が大激減？　族員が全盛期の13％まで減った理由とは」くるまのニュース（2019年6月27日）〈https://kuruma-news.jp/post/154748/2〉。

14　磯部涼『ルポ川崎』（サイゾー、2017年）。ちなみに、この書籍は、川崎市出身の人気ラップグループのBAD HOPを取り上げ、ラッパーになるということが川崎の不良少年たちにとっての新たな憧れの対象かつキャリアパスとしての選択肢となっている様子が描かれている。

成功しているか、アウトローってイメージがあった」という元ヤンの言葉を引用しつつ、暴力団を含めた不況の中でそうしたイメージが変化し、暴力団を含む非行キャリアが不良少年たちにとっての魅力あるものではなくなりつつある様子をリアルに描いている。

では、不良集団を受け皿としていた不良少年たちはどこに行ったのか。少なくとも、高校中退率の低下や学校や家庭が楽しいと回答する中学生の割合が増加していることからも明らかなように、家庭や学校から離脱する少年が減少していることは間違いなく、内閣府『令和２年版子供・若者白書』によると少年の無業者数もわずかながら減少傾向にある[15]。

スマホと日本の少年非行の減少

ベアハスらは、スマホの登場が上記のような少年たちのライフスタイルの変化をもたらすことで非行が減少したと説明した。しかし、日本において不良集団が弱体化し、非行文化が衰退の兆候を示し始めたのは、iPhoneがリリースされた2007年よりも少し前からである。しかも、日本で少年たちにスマホが普及し始めたのは2010年前後からである。**図2-7**は13歳以上の少年のスマホ保有率を示したものであるが、50%を超えたのが2012年であり、2016年になってようやく保有率が８割を超えている。以下では、このタイムラグについて少し検討してみたい。

2002年頃から始まった日本における少年非行の減少については、前述のように警察の少年非行を含む取締り方針の変化や自動販売機の堅牢化や乗り物盗対策といったセキュリティの強化が一定程度寄与してい

---

15 社会学者の伊藤茂樹は、最近は、少年たちにとってコミュニケーション能力の重要性が増大し、少年たちが「空気を読む」などトラブルを回避するために先回りして人間関係に気を遣うようになってきたことや、学校自体も「個性の尊重」や「居場所の提供」などの形で充足的な原理を優先するようになっていると指摘している。これらのことが、少年たちの家庭や学校からの離脱を防止しているのかもしれない（伊藤茂樹「少年非行をめぐる社会的状況――子どもと大人の関係から」犯罪社会学研究40号〔2015年〕14～26頁）。

図2-7　少年（13～19歳）のスマホ保有率の推移

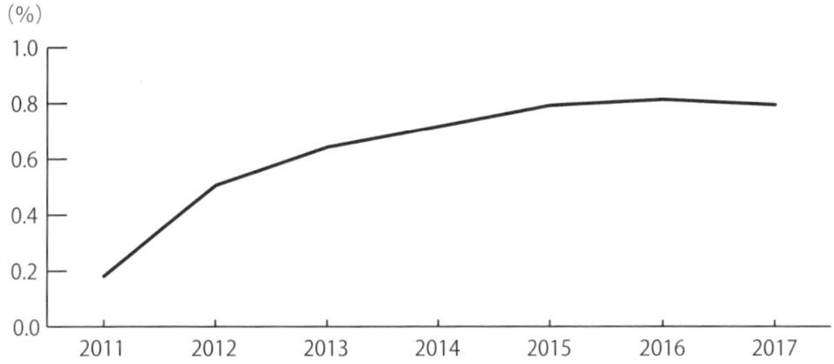

出典：総務省『通信利用動向調査』

る。また、少子化を背景に、2000年以降の児童虐待[16]やいじめに対する対策などによって、少年たちにとっての居場所である家庭や学校の環境が改善されている可能性が高い[17]。このことは、家庭や学校に対する満足度の向上や高校中退者数の減少からも明らかである。さらに、家庭や学校からの離脱が防止される中で、前述のようにグローバリゼーションや技術の進歩によって熟練工の需要が低下し、暴力団排除条例等によって非行文化やその担い手である不良集団の魅力が低下したことで、少年たちに対する求心力を失っていったものと思われる。

これらに加えて、スマホの普及が少年たちに新たな娯楽や活動の選択肢を提供することで、非行文化の衰退に拍車をかけているのも事実であろう。前述の『ルポ川崎』においてラップグループやスケートボーダーなどが憧れの対象となり、そこを人生の選択肢として目指す少年たちが増えているのも、スマホによるSNSや動画の影響は大きい。**図2-8**は、世代ごとに、年齢別の非行少年率を見た非行年齢曲線である。スマホが普及する前の世代である1987年生まれ、10代にスマホが普及し始めた1994年生まれ、中学生時にはスマホが普及していた2000年生まれの非

16　児童虐待の防止等に関する法律（平成12年法律第82号）が2000年に成立。

17　たとえば、1990年代後半から各都道府県の公立の小学校、中学校、高等学校へ心理職専門家としてスクールカウンセラーの配置・派遣が行われてきた。その後、2001年度からは、現文部科学省下において「スクールカウンセラー活用事業補助」と事業名を新たにし、全公立中学校への配置・派遣へ向けさらに本格的に制度化された。

図2-8　世代別刑法犯非行少年率の推移

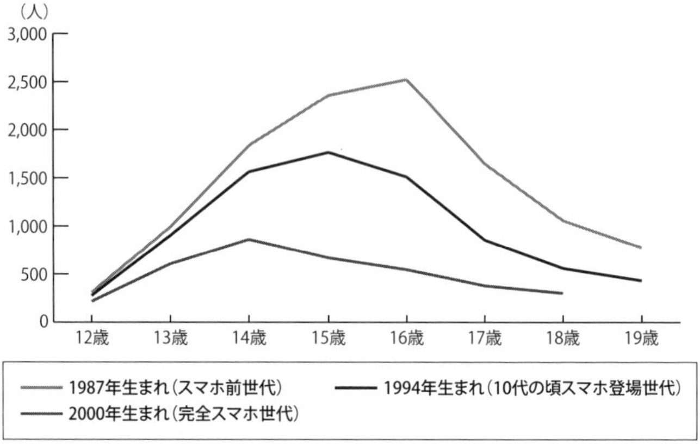

出典:『平成29年版犯罪白書』

行率を比較すると、14歳の夏休み頃にピークを迎える非行文化型の少年非行が激減しているのがわかる。

2018年10月21日に西南学院大学で開催された日本犯罪社会学会のテーマセッション「暴力団対策――加入と離脱の今日的問題」において、福岡県警「福岡少年サポートセンター」少年育成指導官は、実は、近年、劣悪な環境から不良集団に加わり、そこから暴力団に加入するといった古典的少年たちは激減、絶滅危惧種的な存在となっており、代わりに引きこもりからの家庭内暴力などの相談が増加していると話している[18]。

サンディエゴ州立大学の心理学者トウェンジ(Jean Twenge)は、1990年代に「割れ窓理論」を世にもたらした雑誌 The Atlanticの2017年9月号に「Have Smartphones Destroyed a Generations?(スマホは若者たちにとって有害か?)」という論文を発表して物議をかもした[19]。彼女らの調査によると、スマホ普及世代の少年たちは、余暇時間の多く

18　たとえば親がスマホを取り上げようとして子どもが暴れるなど(東京都都民安全推進本部「相談事例」〈https://www.tokyohelpdesk.metro.tokyo.lg.jp/consult/jirei/izon.html〉)。

19　Twenge, J. M. (2017). Have Smartphones Destroyed a Generation?. The Atlantic, September 2017〈https://www.theatlantic.com/magazine/archive/2017/09/has-the-smartphone-destroyed-a-generation/534198/〉.

を自宅の自室でスマホのスクリーンを見て過ごし、友人との交流もSNSを通した間接的なものとなり、結果として、スマホ以前の少年たちに特有の行動、非行文化の象徴ともいえた飲酒・セックス（妊娠）・車の運転やデート・アルバイトに対してまでも消極的になってきた。つまり、スマホは少年たちの時間の使い方を根本から変え、他者とのつながりはスマホを介したものへと変化し、直接的な交流が減少しているのである。これは、ベアハスらがスマホによって少年たちのライフスタイルが変化し、非行文化が衰退したと指摘したことと重なる。ただし、ベアハスらと違うのは、トウェンジが、こうした変化は交通事故や非行化といったさまざまなリスクから少年たちを遠ざけることになったが、スマホとSNSの世界に浸るほど少年たちの幸福度が下がり、抑うつ傾向を強める可能性があるとも指摘している点である。この点については、多くの研究者から幸福度調査等のデータと矛盾するとの批判がある。

おわりに——少年非行減少の先にあるもの

最近10年間に限定すれば、日本を含めてほとんどの先進国で少年非行が減少している。そこにスマホやそこからつながるSNS等がどのように関わっているかについてはさらなるデータと分析が必要だが、少年非行減少の背景に、不良集団が少年たちにとって魅力ある選択肢ではなくなり、不良集団と密接に関係していた飲酒・喫煙・薬物・セックス・車といった活動を含む非行文化が衰退し、スマホやSNSの普及がそうした傾向を後押ししていることは間違いない事実であろう。

トウェンジは、スマホのスクリーンの前で過ごす時間が長くなるほど抑うつ的な傾向が強まり、場合によっては自殺念慮が増進されると指摘したが、少なくとも、日本のデータを見る限り、少年たちの幸福感は向上する傾向にあり、自殺も明確な増加傾向にはない。

こう考えると、スマホの影響を含めて不良集団の弱体化や非行文化の衰退による少年非行の減少は社会全体にとっては良いこと尽くしのようにも思える。

犯罪社会学者の岡邊健[20]は、日本の非行少年の7〜8割は一度の検挙で非行キャリアから離脱すると指摘している。筆者が少年院や少年鑑別所、あるいは保護観察所で見てきた少年たちの多くは、不良集団の中で非行を覚えると同時に、そこでの上下関係の中で揉まれながら、年齢とともに大多数の者が先輩を見習って非行から離脱し普通の生活に戻っていく。ある意味、家庭や学校に問題を抱えた少年たちは、居場所を求めて不良グループに加わり、そこで非行だけでなく人間関係を学び社会性を身に着けていたのである。そして、時には、犯罪行為をして警察に検挙されることもあるが、それは同時に少年法を通して必要な教育的支援を受けるなど少年たちが成長していくプロセスでもあった。非行は、少年たちが抱える問題の顕在化（アクティングアウト）であり、少年たちの抱える問題が非行という目に見える形で表れた結果である。顕在化したからこそ、健全育成を目的とした少年法によって必要な介入ができたのである。もし、現在の少年非行の減少が、少年たちの抱える問題が非行という形で顕在化しなくなっただけだとしたら、少年たちは問題を解決する機会を失っているのかもしれない。

土井は、非行文化衰退の陰に、少年たちが、現状に甘んじ、高望みをしなくなったことがあると指摘している。言い換えれば、未来に期待しない、自らの将来に希望を持たなくなったことから、大きな不満を持たなくなり、社会に対する反発心を象徴するような非行文化に引き寄せられなくなったのかもしれない。社会学者の見田宗介は、著書『現代社会はどこに向かうか』[21]の中でNHK放送文化研究所が40年間にわたって定期的に実施している「日本人の意識」調査のデータを使って「最近の世代ほど、世代間に意識や価値に差がなくなっている。つまり世代間の対立が消失しつつある」と指摘している。しかも、これは、世代による意識の変化が減速または停止することによって起きていると分析している。

20　岡邊健『現代日本の少年非行』（現代人文社、2013年）。
21　見田宗介『現代社会はどこに向かうか——高原の見晴らしを切り開くこと』（岩波新書、2018年）。

また、見田は、最近の世代ほど上流社会などに無関心な脱階級的であるとも指摘している。シカゴ学派の社会解体論を待つまでもなく、非行文化などのサブカルチャーは、世代間や階層間の対立をエネルギーとしているところがあり、対立がなくなれば、その存在価値もなくなる。事実、「日本人の意識」調査によると、20代の青年層が対象であるが、生活目標として「身近な人たちと、なごやかな毎日を送る」を選択する者の割合が1973年から2013年にかけて31%から44%へと13ポイント増加している。さらに、見田は、1980年代と2010年頃の世界価値観調査[22]のデータを使って、多くの国で20代の青年層の幸福感が向上していることも指摘している。

大きな野心を持たない代わりに、大きな不満も持たない少年たちに対して、スマホはさまざまな娯楽と交流の場（コミュニティー）を提供し、現状に対する満足度を高めているのかもしれない。最近では、スマホの検索機能を利用して、悩みを抱えた少年たちが「死にたい」などと検索すると、検索結果のトップにSNS等を利用した相談サイトを提示することも可能となり、SNSによってさまざまな問題に対する支援が届きやすくなっている側面もある。

図2-9は、1970年、2005年と2016年の人口10万人あたりの年齢層別の殺人検挙人員を比較したものである。これまですべての先進国において殺人の検挙人員は20代に最も多く、その後減少していくパターンを示していたが、最近では殺人の検挙人員自体が大きく減少し、なおかつ世代間の差が消失している。実は、世界中で少年非行だけでなく成人の犯罪も減少傾向にある。オランダでは、受刑者が減少し、刑務所の建替えを進めているノルウェーの受刑者を受け入れている。日本でも、少年院だけでなく、日本最大級の黒羽刑務所を含めて刑務所も順次閉鎖する予定である。反社会的な非行文化や不良集団が衰退し、世代間の対立が解消し、少年たちの幸福感が増し、少年非行や犯罪が減少し

22　世界価値観調査（World Values Survey）は世界の異なる国の人々の幸福度など社会・文化・道徳・宗教的価値観に関して国際プロジェクトとして定期的に実施されている社会調査。

図2-9　人口10万人あたりの年齢層別殺人犯検挙人員

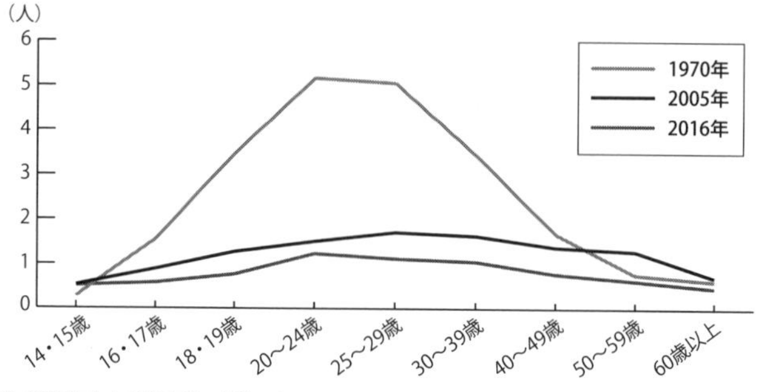

出典：警察庁および総務省の統計による。

ていく。そして、スマホがこうした傾向をさらに後押ししていく。

ここまで、少年非行の減少原因について述べてきた。現在を生きる少年たちは、高望みをしなければ、不満も少なく、幸せを感じることができる。その一方で「ヒキコモリ」という言葉は、「カロウシ（過労死）」と同様に世界共通語となりつつある。私たちは理想の社会を実現しつつあるのか、それとも活力を失いつつあるのか。スマホは新時代への入口にすぎない。今後、AIの発展により、車の運転だけでなく、さまざまなものが自動化される。AIは私たちの行動パターンを分析し、次に何をしたいかを予測して対応してくれるだろう。そうなると、交通事故を起こすことも、犯罪を起こすことも物理的に困難となり、犯罪のない社会を実現できるかもしれない。はたしてこれは幸せなことなのだろうか。

第3章

犯罪統計から見た少年法適用年齢引下げの問題点

はじめに

2015年に成立した「公職選挙法等の一部を改正する法律」附則11条は、選挙権を有する者の年齢が18歳以上となったことを踏まえて、18歳以上20歳未満の者と20歳以上の者との均衡等を勘案して少年法等の規定について検討し、必要な法制上の措置をとるように求めている。これを受けて、法務省では、少年法の適用対象年齢について検討を行うこととなった。

日本の刑事司法における大きな特徴の一つは、他の先進国以上に、刑事司法と少年司法との間に、その理念においても実際の処遇においても大きな乖離がある点にある。すなわち、少年法が適用される少年司法においては、その手続だけでなく、処遇においても刑罰とは異なる保護処分を置いて、そのプロセス全体を通して健全育成を目的とした教育的な処遇が行われるが、成人の刑事司法では、適正手続の下で真実を発見し、懲役刑に代表されるように、行為責任に応じた（応報的）刑罰の執行が行われる。たとえば、次章で詳しく述べるが、少年院と少年刑務所は、同じように改善更生に向けた矯正処遇を行う場所と喧伝されているが、保護処分を行う少年院と刑罰を執行する少年刑務所とでは、職員と被収容者との関係性などその処遇の実態は似て非なるものとなっている[1]。

1　浜井浩一「少年事件の裁判員裁判で議論されるべきこと——少年院と少年刑務所の違いを中心に」季刊刑事弁護78号（2014年）122～130頁（本書第4章）。

つまり、少年法における少年の範囲を18歳未満に引き下げるということは、単に法律上の成人年齢の整合性を図る以上に、成長過程にあり問題を抱えた若年者をいかに取り扱うべきかという大きな問題に関わるものである。そこで法務省は、罪を犯した若年者（青少年）に対する処遇の在り方全体を検討する必要があるとして、2015年から10回にわたり「若年者に対する刑事法制の在り方に関する勉強会」を実施した[2]。この勉強会が作成した報告書は、現行少年法の下に運用されている非行少年処遇は概ね良好に機能していることを確認している。そのうえで、もし少年法の適用年齢を引き下げるのであれば、その適用から除外される20歳未満の者の場合だけでなく、現在少年法の適用を受けていない20歳以上の若年者（若年成人）についても、その改善更生・再犯防止に向けた刑事政策の在り方を検討することが有益であると指摘している。この勉強会の報告を受け、法務大臣から法制審議会に対して諮問第103号[3]が発せられ、昨年（2020年）まで少年法・刑事法（少年年齢・犯罪者処遇関係）部会において少年法適用年齢の引下げを含め若年者に対する刑事法制のあり方が検討されていた[4]。

そして、この部会においても初期の段階で「今回の議論というのは、現行少年法の下で18歳、19歳の年長少年に対して行われている手続や保護処分が有効に機能していないので、少年法の適用年齢を下げることを検討しようとするものではないのだということについては、意見の一

2　法務省「若年者に対する刑事法制の在り方に関する勉強会」〈http://www.moj.go.jp/shingi1/shingi06100055.html〉。

3　「日本国憲法の改正手続に関する法律における投票権及び公職選挙法における選挙権を有する者の年齢を十八歳以上とする立法措置、民法の定める成年年齢に関する検討状況等を踏まえ、少年法の規定について検討が求められていることのほか、近時の犯罪情勢、再犯の防止の重要性等に鑑み、少年法における『少年』の年齢を十八歳未満とすること並びに非行少年を含む犯罪者に対する処遇を一層充実させるための刑事の実体法及び手続法の整備の在り方並びに関連事項について御意見を賜りたい」。

4　法制審議会では、多くの専門家や実務家から強い反対を受けたこともあり、2020（令和2）年9月に、当初の方針を修正した。すなわち、少年法適用年齢そのものは引下げをせず、家庭裁判所に対する全件送致主義を維持したまま、18・19歳の少年を「特定少年」と位置づけ、原則逆送の要件を現在の「殺人など故意の犯罪で被害者を死亡させた場合」に加え、強盗や放火、強制性交等なども含めることや、実名や顔写真の報道を禁止する規定に特例を設け、特定少年は起訴段階で実名報道を解禁するほか、処分は、犯情の軽重を考慮して相当な限度を超えない範囲内において行わなければならないとするなどの厳罰化を盛り込んだ意見をまとめ公表した。これに基づいて2021（令和3）年5月に少年法が改正された。

致があると思います」という確認がなされたうえで、重鎮メンバーの一人が「(民法の成年年齢と) 少年法のシステムとの整合性が十分に取れるのか、取るためにはどうしたらいいのかということは基本的な問題なので、これを軽く扱う、あるいは詰めた議論を回避することは、私は法律学者としては耐えられない」[5]とコメントしている。つまり、今回の少年法適用年齢の引下げは、少年非行という問題をよりよく解決するという目的に基づいて議論されているのではなく、法的整合性の観点からの要請のみに基づいて検討されていたのである。

現在、成人を対象とした日本の刑事司法においては、高齢者による万引き、彼らが再犯を繰り返した結果生じた高齢受刑者の増加やそれに伴う認知症受刑者の増加が問題となっている。これは、日本の刑事司法が他の社会制度から孤立しているうえに、行為責任に偏重した刑罰主義をとり続け、犯罪の背景にある問題を何も解決せず、累犯者を増やした結果、引き起こされた問題である。犯罪の背景には、貧困や差別、社会的孤立が存在する。しかし、現在の刑事司法は、責任能力があると判断した者に対しては、個人の自由な意思決定によって、違法と知りながら犯罪行為を行ったとものとして刑罰を科す。日本の刑事司法は、さまざまな問題を背景として発生する違法行為の中から刑法上の犯罪に当たる行為を抜き出し、その罪責を問うもの、つまり、あらゆる問題を個人の規範の問題に還元して責任をとらせるものである。しかし、それでは犯罪の背景にある問題は何も解決しない。当然、再犯も防げない。

つまり、この間審議されていた少年法適用年齢の引下げは、法的整合性という法律家の矜持を満たすために、18・19歳の者たちを、非常にうまく機能している少年司法から、機能不全に陥っている刑事司法に移行させるという、刑事政策上はまったく理に適っていない施策なのである。

このような法改正がなぜ許されようとしているのか。それは、端的に

5　少年法・刑事法 (少年年齢・犯罪者処遇関係) 部会第4回会議 (2017〔平成29〕年6月29日開催) 議事録〈https://www.moj.go.jp/keiji1/keiji14_00108.html〉。

言って実害が少ないからである。現在、日本の少年の検挙人員は、少年司法がうまく機能していることもあって、少子化のペースをはるかに超えて減少傾向にある。新たに少年院送致となる者や保護観察処分となる者の4割以上を少年法適用年齢引下げの対象となっている18・19歳が占めているが、その絶対数は2018年においてそれぞれ1,099人、4,037人にすぎず、しかも他の年齢層の少年と同様に減少傾向にある。また、故意に人を殺害するなどの重大事件を犯した少年は検察官送致となり、すでに刑事司法の中で成人と変わらない刑罰の対象となっており、少年院に収容されている年長少年が刑事司法によって裁かれたとしても行為責任の観点から実刑とはならないケースが多い。したがって、少年法適用年齢の引下げによって再犯率が増加したとしても国家全体として見た場合の影響はそれほど大きくない。

本章では、犯罪統計の立場から、こうした少年非行の現状と動向を確認したうえで、日本の少年非行の特徴から、世界一安全な国といわれている日本の治安に少年司法が果たしてきた役割を考える。そのうえで、少年法適用年齢の引下げが非行少年処遇に与える影響とその問題点を分析する。

日本の少年非行の動向

最初に、若年成人と少年の検挙人員（実数）および人口10万人あたりの検挙人員の推移を年齢層別に確認しておこう。**図3-1**は、1989年から2018年までの刑法犯検挙人員の推移を年齢層別に見たものである。最近20年間では、年少少年（14・15歳）や中間少年（16・17歳）を中心に検挙人員が大きく減少し、年長少年（18・19歳）、若年成人（20〜24歳）、成人（25〜29歳）についても、長期的に見れば減少傾向にあることがわかる。**図3-2**は、1989年から2019年までの人口10万人あたりの検挙人員の推移を少年（14〜19歳）と若年成人（20〜24歳）、成人（25〜29歳）の別について見たものである。少年の検挙人員は、

図3-1　年齢層別刑法犯検挙人員の推移

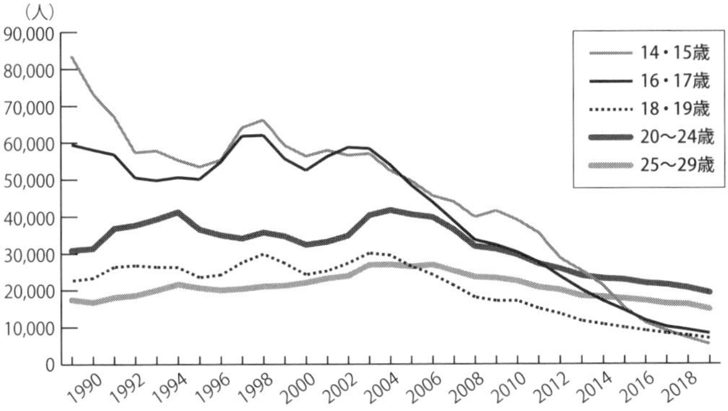

出典：『令和２年版犯罪白書』

図3-2　年齢層別人口10万人あたりの検挙人員の推移

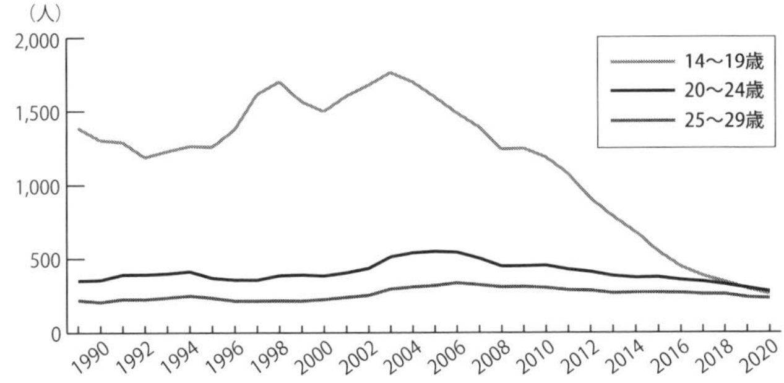

出典：警察庁の統計による（「令和２年の刑法犯に関する統計資料」）。

2003年をピークに大きく減少している一方で、若年成人の検挙人員は、2005～2006年頃をピークに漸減傾向であることがわかる。

次に、警察庁の統計を使って罪種別に2007年以降の人口10万人あたりの検挙人員の推移を確認しておこう。ただし、公開されているデータの関係上、ここでは14～19歳の少年の検挙人員と20～29歳の若年成人の検挙人員とを比較する。自動車窃盗、車上ねらい、ひったくり、万引き、強盗などの財産犯については、**図3-2**とほぼ同様の傾向を示している。つまり、少年の検挙人員は大きく減少する一方で、若年成人は漸減傾向である。また、無銭詐欺については、少年と若年成人とが同じように減少し、強制わいせつは同じように漸増傾向にある。興味深いのは暴行と傷害の検挙人員である。少年については、暴行・傷害ともに減少傾向にあるのに対して、若年成人については、どちらも増加傾向にある。さらに、暴行については、人口10万人あたりの検挙人員は若年成人のほうが多いのに対して、より被害程度が重い傷害については、2015年までは少年のほうが多い。

これらをまとめると、罪種別に見ても、暴行等一部の例外を除き、若年成人の検挙人員は概ね減少傾向にあり、人口比で見た場合、少年の検挙人員が大きく減少した結果、少年と若年成人との差がなくなりつつある。つまり、少年を含む30歳未満の若年者の犯罪傾向が年齢層にかかわらず低下しながら同じレベルに収束しつつある。18・19歳の年長少年を含めて少年非行の動向から見る限り、法制審議会でも確認されたように、少年司法は良好に機能しており、少年法を改正する根拠は何も存在しない[6]。

日本の治安に対する少年司法の貢献

年齢と犯罪との関係性を分析する犯罪学の分野にライフコース論[7]というものがある。次に、このライフコース論の立場から少年非行を含む日本の犯罪の特徴を分析することで、日本の治安に少年司法が果たしてきた役割について考えてみたい。

日本の治安は世界一良好といわれている。人口あたりの殺人件数や国際犯罪被害調査（International Crime Victims Survey）の結果[8]を見ても、日本の殺人発生率や犯罪被害率は世界最小である。おそらく現在の日本は、人類史上他人からの暴力によって死亡するリスクの最も少ない社会を実現している。その理由はどこにあるのか。統計的に考察し

6　少年非行の急激な減少については、本書第１章および第２章を参照されたい。
7　ライフコース論とは、発達犯罪学と呼ばれることもあり、発達の過程における個人の犯罪行動や犯罪性向の継続性や変化に焦点を当て、犯罪からの離脱などについて年齢と犯罪の関係について研究する犯罪学の分野。

てみるとその答えはとても簡単である。日本の殺人が大きく減少したのは1950年から1990年にかけてであるが、その原動力となったのは10代後半から20代の若者を加害者とする殺人の急激な減少である。第2章**図2-9**を参照願いたい。この図は、人口10万人あたりの年齢層別殺人犯検挙人員を1970年と2005年および2016年とで比較したものである。ライフコース論によると、先進国における殺人のピークは20代である。日本においても1970年においてはこれが当てはまるが、2016年においては、人口あたりの殺人の検挙人員における年齢差がなくなっている。つまり、少年を含む若年者が人を殺さなくなってきたことが、他殺という観点から見た日本の安全の大きな要因なのである。

次に、第2章**図2-8**を参照願いたい。この図は、生まれた年別（1987年、1994年、2000年生まれ）に非行少年率（年齢別人口10万人あたりの検挙人員）の推移を見たものである。この図に示されているように、1997年生まれの日本の非行のピークは14歳である。1987年生まれと比較すると、非行のピークが16歳から14歳にずれているが、これは「非行の低年齢化」を意味しない。ここで注目すべきは、全体的に非行少年率が下がっており、とくに15・16歳のそれが大きく減少していることである。現在の日本の非行は14歳をピークに急速に減少している。この傾向は、20歳以降もほぼ同様である[9]。罪種によって多少の違いはあるが、アメリカや他の先進国の非行のピークは17〜20歳である。日本では、欧米諸国よりも非行からの離脱年齢が早く、中間少年以降の若年者による犯罪が極めて少ないのである。加えて、日本の非行の中心は万引きや自転車盗といった比較的軽微とされる犯罪である。これらの犯罪は非

8　国連などが主導し、犯罪被害の発生率等を国際比較できるような形で測定できるように開発された社会調査であり、概ね4年に1度実施され、日本も2000年から法務省が担当し参加している。筆者は2000年の日本調査を担当した。2000年調査の結果、個人に対する暴力犯罪の被害率は先進国の中で最も低いことが明らかとなった。詳しくは法務省のホームページを参照されたい（法務省「犯罪被害実態（暗数）調査」〈https://www.moj.go.jp/housouken/houso_houso34.html〉。

9　ただし、窃盗に関しては、2000年以降、60歳を超えた段階でわずかではあるが人口あたりの検挙人員に増加傾向がみられる（浜井浩一「少子・高齢化が犯罪に与える影響とその中で持続可能な刑罰（刑事政策）の在り方——犯罪学からの提言」犯罪社会学研究36号〔2011年〕76〜106頁）。

行への登竜門ともいわれる非行の初期に多く見られる。日本の非行を計量的に研究した犯罪社会学者の岡邊健[10]は、日本の非行の特徴として男子の7割、女子の8割が初発の非行（万引きや自転車盗）で収束し、再犯をしないこと、欧米諸国に特徴的な初犯非行の年齢と累犯化との関係性[11]が日本では見られない（欧米の研究では初発年齢が低いほど累犯化しやすい傾向があると指摘されているが、日本データではそうした傾向は認められない）ことを挙げている。

すなわち、日本の治安が良いのは、非行のほとんどが初発の段階で収束し、累犯化する前に食い止められているからである。言い方を変えれば、日本の治安が良好であるのは、非行少年が成人犯罪者にならないこと、少年非行と成人犯罪との連続性を断ち切ることに成功しているからでもある。これを可能としているのは何か。初犯非行の段階で適切な介入が行われているからである。

『平成23年版犯罪白書』は、青少年の再犯防止に最も効果的なものは見守ってくれる人の存在と就労だと指摘している。人が非行から離脱するためには、非行以外の選択肢の存在が不可欠である。それは不良集団等から離脱し、まっとうな人間関係やまっとうな居場所を築くことを意味している。それを可能にしているのが少年法である。もし、少年法がなければ、非行少年は、犯した罪の程度に応じた罰を受けて終わりである。刑罰は居場所も出番もつくらない。再犯防止策がとられなければ、自転車盗や万引きから侵入窃盗や強盗へと非行は次第にエスカレートしていく。罰金や拘禁といった苦痛や威嚇を与えるだけの刑罰に再犯防止効果はない[12]。再犯の背景には生活困窮や孤立、そして依存症などの生きづらさが存在する。それを解決しない限り再犯を防止することはできない。再犯を防止するためには、再犯をしないで生活できる環境（具

---

10 岡邊健『現代日本の少年非行』（現代人文社、2013年）。

11 Moffitt, T. E. (1993). Adolescece-limited and life-course-persistent antisocial behavior: a developmental taxonomy. Psychological Review, 100(4), 674-701.

12 刑罰を受けたことがきっかけとなって家族など周囲の支援や指導が強化され立ち直れる人が稀にいるが、それは刑罰の直接的効果ではない。

図3-3　少年院出院者・刑務所出所者の刑務所への(再)入所率

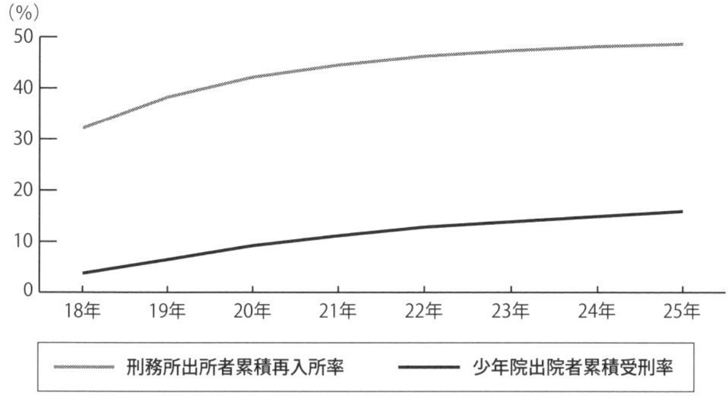

出典:『平成26年版犯罪白書』

体的な選択肢)が必要である。少年法はそれを可能としている。

繰り返しになるが、日本の治安が良好なのは、16歳以上の若者による重大犯罪が諸外国と比較して極めて少ないからである。たしかに、アメリカをはじめ、欧米先進国においては刑事裁判所での審理対象となる成人年齢を18歳以上としている国は多い。しかし、それらの国において18歳以上の若者による重大な犯罪が日本以上に多いのも事実である。

図3-3は、2004年に少年院を出院した者の10年間の累積刑務所入所率を、同じ年に刑務所を出所した者の累積再入率と比較したものである。少年院出院者の場合、再度少年院に収容されている者がいたり、矯正施設を出る年齢[13]が異なっていたりと、両者を単純に比較することはできないが、少年院を出院した者のうち彼らが成人になった後を含む10年以内に再犯をして刑務所に収容された者は20%に達していない。

年齢引下げが非行少年処遇に与える影響とその問題点

次に、少年法適用年齢を18歳に引き下げた際の影響、2018年の少

13　『平成19年版犯罪白書』によると、成人における初犯者の再犯率を比較すると高齢者よりも若年者のほうが再犯率そのものは高い。つまり、年齢的には少年院出院者のほうが若い分だけ再犯リスクは高いともいえる。

年司法の各段階における18・19歳の年長少年の割合等を確認しておきたい。

年齢層別に少年の刑法犯検挙人員を見てみると、年長少年の検挙人員は7,287人で、少年検挙人員全体の23.9%(2019年24.3%)にあたる。

また、家庭裁判所の決定によって保護観察決定を受けた年長少年(交通短期保護観察の対象者を除く)は4,037人、保護観察処分少年全体の47.4%(2019年49.7%)にあたる。さらに、家庭裁判所の決定によって少年院送致となった年長少年は1,099人、少年院に送致された少年全体の52.1%(2019年53.3%)にあたる。これを罪名別に見ると、年長少年の場合、男子少年では約3割が窃盗、約2割弱が傷害・暴行や詐欺、女子少年の場合、約2割強が窃盗、覚醒剤が約2割となっている[14]。

ここから見えてくることは、少年法適用年齢が18歳に引き下げられた場合、それが少年院送致や保護観察処分に与える影響は非常に大きいということである。しかも、年長少年の割合は、司法手続が進むほど、なおかつ処分が重くなるほど大きくなっている。年長少年については、殺人等の重大犯罪を起こした場合には検察官送致になる可能性が高く、少年院送致となる者の多くは、事件そのものは軽微であっても、発達上の問題を抱え要保護性の高い者たちである。

図3-4は、2019年までに新たに少年院送致となった年長少年のうち、何らかの心身の状況により支援教育が必要だと判断され、支援教育課程(N1〜N3)に編入された少年の推移を見たものである。年長少年については、2割を超える少年が支援教育課程に編入されている。また、少年院への新収容人員は急激に減少している一方で、支援教育課程に編入される少年の数はほぼ横ばいで、そのうちの多くを占める支援教育課程のN3に分類される少年は2018年まで増加傾向にあり、その割合は

14 年長少年の場合、殺人の既遂などの凶悪犯罪については検察官送致となっているため少年院にはあまり収容されない。また、最近の傾向として女子を含めて覚醒剤事犯者が減少し、男子では特殊詐欺のいわゆる「受け子」「出し子」を行い収容された者が増加している(2018年では約16%の者の非行名が詐欺となっている)。

図3-4　少年院新収容年長少年における支援教育課程に編入された人員の推移

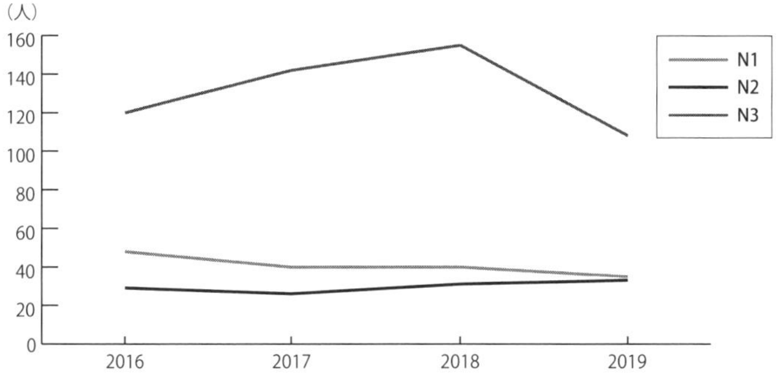

出典：『少年矯正統計年報』

減っていない。N3とは、「義務教育を終了した者のうち、知的能力の制約、対人関係の持ち方の稚拙さ、非社会的行動傾向等に応じた配慮を要するもの」とされる。つまり、少年院に送致されている年長少年には、その非社会性から社会不適応となり、一般の非行少年とは異なる指導が必要な少年が増加しているのである。

いずれにしても、少年法適用年齢が引き下げられれば、少年院入院少年も保護観察処分少年も4割以上減少することになる。それでなくても少子化や非行の減少によって現状でも少年院に送致される少年が減少し、少年院の統廃合が進められているが、もし、成人年齢が引き下げられた場合には、これがいっそう加速されることになる[15]。

では、保護処分の対象ではなくなった18・19歳の少年たちはどうなるのか。正確なシミュレーションを行うためにはより詳細なデータが必要だが、彼らの多くは（刑事手続上は）初犯として扱われるケースがほとんどであることを考慮すると、窃盗の場合には起訴猶予または執行猶予、傷害・暴行や道交法違反の場合には罰金、覚醒剤の場合には執行猶予となる可能性が高いと考えられる。執行猶予の場合も、刑罰体系の中

15　少年院が統廃合されるということは、新規の法務教官の採用が抑制されることになり、法務教官志望の学生にとっては死活問題である。これは家庭裁判所調査官などでも同様であろう。少年法における適用年齢引下げは、少年司法全体の縮小を意味し、これまで日本が培ってきた非行少年処遇における貴重なノウハウの喪失が懸念される。

では保護観察付執行猶予のほうが単純猶予よりも重い量刑であるため、初犯時はその多くが単純猶予になると考えられる。つまり、現状における18・19歳の犯罪少年は、そのほとんどのケースにおいて、起訴猶予、または罰金や執行猶予判決となることが予想される。

実際、「若年者に対する刑事法制の在り方に関する勉強会」の資料によると、2016年において被告人の終局時年齢が20歳の者の場合、窃盗の約88%、詐欺の約74%、傷害の約85%、覚醒剤の約97%が執行猶予であり、その大半が単純猶予である。ちなみに、執行猶予率は年齢とともに低下し、25歳時で見ると、窃盗の執行猶予率は約66%、詐欺が約63%、傷害が約67%、覚醒剤が約64%となっている[16]。その要因として、年齢とともに再犯が増えるなどして執行猶予になりにくくなっている可能性が考えられる。日本の刑罰運用の原則は、行為責任主義に基づく応報刑であり、刑罰を科して一件落着となる。18・19歳で非行化する者は、家族を含め複雑な問題を抱えている者が少なくなく、現行制度のまま少年法の適用年齢を引き下げた場合、彼らの多くは、再犯防止に向けた指導・監督や補導・援護のないまま社会に戻ることになる。

若年犯罪者の特徴

『平成23年版犯罪白書』が「少年・若年犯罪者の実態と再犯防止」を特集し、全国の少年鑑別所に入所させられた「非行少年」と同じ期間に全国の刑事施設に収容された年齢30歳未満の受刑者「若年犯罪者」に対して調査を実施し、その結果を比較している。ここでは、同白書から見えてくる若年犯罪者の特徴を簡単に紹介する。

まず確認しておかなくてはならないことは、非行少年と若年犯罪者との間に、自己意識、家族や友人、社会に対する意識、規範意識、非行や犯罪に対する態度などに根本的な差異があるわけではないことであ

16　法務省「若年者に対する刑事法制の在り方に関する勉強会」取りまとめ報告書の別添資料4〈http://www.moj.go.jp/content/001210642.pdf〉。

る。そのうえで、若年犯罪者（受刑者）の特徴を挙げるとすると、家庭や社会に対する満足度が非行少年と比較して有意に低いことである。結果として、若年犯罪者は、非行少年と比較して「こころのあたたまる思いが少ない」と回答する者の割合が高くなっている。また、この調査では、非行や犯罪の要因となりうるリスクに関して、自分の非行や犯罪に影響したと思われる事項を複数回答で選択させているが、若年犯罪者では、薬物の使用・乱用等の選択率が高く、家族の愛情の不足や家族関係の悪さや就労の継続・就労意欲の不足の選択率も高い。さらに、若年犯罪者では、暴力団等の不良集団との関わりの問題を選択する者が多いこと、余暇や生活管理の領域では、ギャンブルや借金の問題を選択する者が比較的多いことなど、不良交友やギャンブルなどの遊びを中心とした生活の中で就労生活の維持に大きな課題を抱えていることがわかる。

おわりに

若者による非行・犯罪は、窃盗を中心に全体としては減少傾向にある。ただし、『平成23年版犯罪白書』の調査が示しているように、若年犯罪者は、非行少年以上に愛情不足等家族の問題や就労の困難さ、ギャンブル、借金等の問題を抱え、それらが犯罪の背景要因となっていることがうかがわれる。つまり、彼らの再犯を防止するためには、非行少年以上に福祉（就労支援）、教育や医療等との連携など、刑罰以外の支援が欠かせないということである。

このことは、少年司法において司法手続が進み、処分が重くなるほど年長少年の割合が増加することや、少年院に送致された少年の多くが支援教育課程に編入され、その数が増加していることにも表れている。年長少年が重大事件を起こした場合には刑事処分の対象となる可能性が高いことから考えると、少年院送致になる年長少年の割合が高いということは、彼らの要保護性が高いということである。20歳の若年成人の（単純）執行猶予率が高く、しかも年齢とともにその割合が減少していることを考えると、少年の範囲を18歳未満にまで引き下げ、年長少年を刑罰の対象としただけでは、再犯の危険性を増すことにつながりかねない。たしかに、年長の非行少年の絶対数は減少しており、現時点では多少再犯率が上昇したとしてもその影響はさほど大きくないかもしれない。しかし、少年法適用年齢の引下げは、一人ひとりの非行少年にとってはその後の人生に大きく関わる問題であり、「誰一人取り残さない」というSDGs（持続可能な開発目標）の理念に反する施策である。さらに、非社会性等から特別な支援を必要とする年長少年の増加は、現在深刻な問題となりつつある「ひきこもり」などと潜在的につながっている可能性が高く、少年司法の弱体化は、これまで日本が蓄積してきた立ち直りのノウハウの喪失にもつながり、将来に大きな禍根を残すことになりかねない。

法制審議会は、2020年10月29日に法務大臣に答申を行った。2019年の段階では、少年法の適用上限年齢を18歳未満に引き下げたうえで、起訴しない場合には新たな処分、起訴する場合には、罰金や自由刑の執行猶予相当事案に保護観察を付すことや重大事件を除き家庭裁判所の関与を残すことなどを検討していたが、年長少年や若年成人犯罪者の抱えているリスク等から考えると、少年刑務所の処遇や保護観察処遇を充実させる程度でなんとかなる問題でないことは明らかである。その後、少年法適用年齢の引下げについては、日本弁護士連合会が反対を表明したり、少年事件を担当したことがある元裁判官の弁護士（元裁判官177人が署名、賛同）らが反対する意見書を提出したりするなど、少年司法に関わったことのある多くの元実務家等が反対を表明し、与党である公明党関係者も引下げに反対したことから、今回の答申では判断が見送られた。しかし、法制審議会による答申では、家庭裁判所から検察官に原則送致（逆送）する対象を、18、19歳に限り「法定刑の下限が懲役か禁錮1年以上」の罪に拡大し、新たに強盗や強制性交、放火罪などを含めたり、逆送に至らない場合も罪に見合った処分にしなければならないと明記したり、少年の実名や写真など本人を推定できるような情報の報道（推知報道）を起訴後に認めるなど実質的な厳罰化を盛り込んでいる。法律家としての矜持を保ちたいという気持ちの表れなのかもしれない。

犯罪対策を含む社会政策において（科学的）エビデンスを提供しているキャンベル共同計画は、少年司法における刑罰等の正式な処分とダイバージョンによる措置とのどちらが再犯をより有効に防ぐことができるかについて系統的なレビューを行い、そのエビデンスを公表している。それが「少年の公的システムによる措置——非行への影響」[17]である。結論としては、正式な処分と治療プログラムやカウンセリング等を実施する非公式なダイバージョン措置とを比較した結果、非公式な措置のほうが再犯防止には有効であると結論づけている。つまり、行為責任主義に基づいた正式な刑事処分よりも、現在日本の家庭裁判所が行っているような審判不開始や不処分を含めた非公式な問題解決型の介入のほうが再犯防止には有効だということである。その意味でも、少年法適用年齢の引下げはもちろん、今回の厳罰化を盛り込んだ答申も理に適っていない。

また、エビデンスは、犯罪者処遇におけるさまざまな介入は、それが強制される場合には効果がないことを示している[18]。保護処分でも刑罰でもない新たな処分を創設しても、そのような中途半端な処分に対してその対象となる者が納得したうえで処遇を受けるとは考えにくく、本人が主体的に関われないような処分に教育的効果は期待できない。

『平成23年版犯罪白書』も指摘しているように、少年は成人を迎えたからといって、その行動が一変するわけではなく、一進一退を繰り返しながら成長発達していく。少年期から若年期への移行時期は、就労等の生活基盤を固める時期にもあたり、家庭から離れ、自立する時期であ

---

17 Petrosino A., Guckenburg, S., & Turpin-Petrosino, C. (2010). Formal system processing of juveniles: effects on delinquency. *Campbell Systematic Reviews, 6(1),* 1-88（岡邊健訳「少年の公的システムによる措置——非行への効果」キャンベル共同計画　介入・政策評価系統的レビュー〔龍谷－キャンベルシリーズ〕12号〔2018年〕）.

18 Sydes, M., Eggins, E., & Mazerolle, L. (2018). *What works in corrections? A review of the evaluation literature.* Queensland Corrective Services.

る。再犯を防止するためには、犯罪の背景にある問題性の解消と就労等の生活基盤の安定を図り、社会的に自立できる環境を整えると同時に、地域社会の中でサポートが受けられるような社会資源が重要なのであり、本気で再犯防止を考えるのであれば、それらがケアできるような処遇や刑罰の在り方を考えていく必要がある。

第4章

少年事件の裁判員裁判で議論されるべきこと
——少年院と少年刑務所の違いを中心に

はじめに

2000年に改正された少年法20条によって16歳以上で故意に人を殺害した少年に対して原則検察官への逆送が定められて以来、少年事件を担当している弁護人から、保護処分になった場合の少年院と刑事処分となった場合の少年刑務所での処遇の違いについて意見書を書いてもらいたい、または専門家証人として法廷で説明してもらいたい、といった依頼が舞い込むようになった。

これは、家庭裁判所から検察官に送致され、起訴された少年について、その資質上の問題性を指摘することで更生のためには刑事処分ではなく保護処分、つまり、少年院での教育が必要であることを主張する少年法55条の適用（家裁への移送）を求めてのことである。

そこで、本章では、裁判員裁判を念頭に少年院と少年刑務所での処遇の違いなど、重大事件を起こした少年の処遇を検討してみたい。その前に、まず、家庭裁判所における検察官への送致や55条による移送が年間どのくらいあるのかを見ておこう。**図4-1**は、原則逆送事件について家庭裁判所の終局処理人員（保護処分・検察官送致）と検察官送致後の刑事裁判において55条を含む家庭裁判所に戻された事件数を見たものである[1]。55条を含む家庭裁判所移送の適用を受けた事件の数は、

1　逆送人員と55条移送による受理人員には、行って戻ってきた同一人が含まれているが、公判に時間がかかっているため、年をまたいでいる可能性があることに注意が必要である。

図4-1　原則逆送事件の家庭裁判所終局処理および通常第一審における家裁移送件数の推移

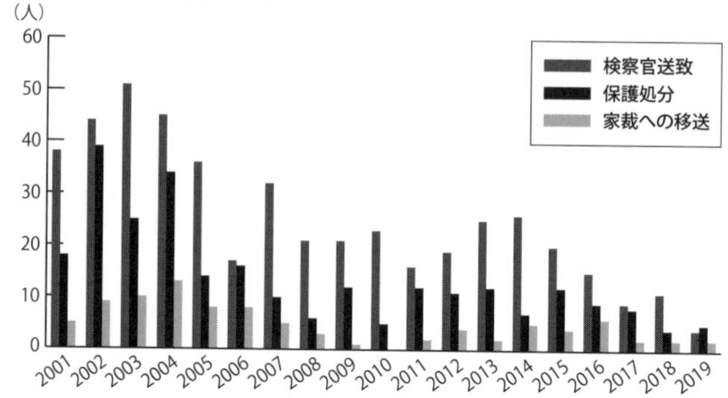

出典：司法統計年報および犯罪白書による。

注：家裁からの移送件数は白書3-2-6-2表による（司法統計年報55　通常第一審事件中裁判時少年の終局総人員終局区分（定期刑、不定期刑、その他）別　地方裁判所管内全地方裁判所・全簡易裁判所別）

改正少年法による原則逆送が適用されるようになった直後は増加傾向にあったが、2004年の12件をピークに減少し、現在は2～3件程度で推移している[2]。

少年犯罪の動向

次に、少年犯罪の動向を確認しておこう。**図4-2**は、少年による一般刑法犯の検挙人員の推移を見たものである。少年の検挙人員は少年人口に比例して推移しており、団塊ジュニアと呼ばれる第2次ベビーブームに生まれた子どもが非行適齢期に達した頃に大きな山ができている。また、第2章でも指摘したが、1997年6月3日の全国警察少年担当課会議で関口祐弘警察庁長官（当時）が、「悪質な非行には厳正に対処、補導を含む強い姿勢で臨む」と表明するなど、少年犯罪の厳罰化の影響で一時的に検挙人員が増えた時期を除くと、少年人口に比例する形で

2　2000年の改正では、16歳未満の少年に対しても検察官送致が認められるようになり、少年院内に義務教育未終了の14～15歳を対象とした特別な刑務所が作られたが、現在に至るまで収容実績はない。

図4-2　少年による一般刑法犯 検挙人員の推移

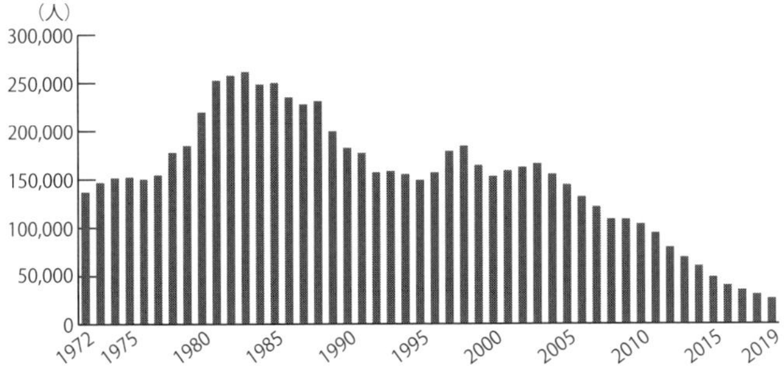

出典：警察庁の統計による。

図4-3　殺人少年検挙人員（未遂を含む）の推移

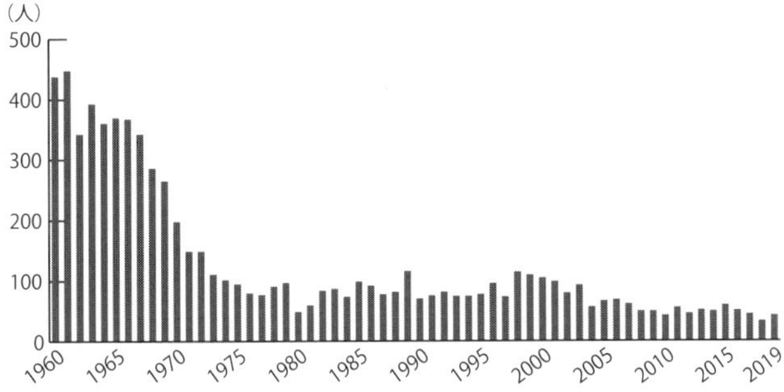

出典：警察庁の統計による。
注：1981年までは触法少年を含む。

減少している[3]。

図4-3は、殺人（未遂を含む）で検挙された少年人員の推移を見たものである。少年による殺人事件が起こるたびに、少年による凶悪な事件が繰り返されているといった報道がなされ[4]、少年事件が凶悪化している

3　少年鑑別所長を歴任した近藤日出夫は、1990年代後半に見られた少年鑑別所への入所人員等が増加した非行の第4の波について、従来は身柄付送致とはなりにくかった、低年齢少年や中学・高校に通っていたり仕事に就いていたりする者などの身柄付送致の比率が上昇していることから、警察の捜査方針がどのような属性の非行少年に対しても緻密で適正な姿勢で臨もうとする方向へと変化したことの影響がうかがわれると分析している（近藤日出夫「少年鑑別所・少年院入院者から見た日本の少年非行対策」浜井浩一編『刑事司法統計入門』〔日本評論社、2010年〕）。

4　2014年3月3日の産経新聞においても、三重で起きた中3女子殺害で18歳の少年が逮捕されたことについて、「厳罰化……やまぬ凶行」といったタイトルで、少年による重大事件のリストとともに少年事件が増加しているかのような記事が掲載されている。

図4-4　新少年受刑者数の推移

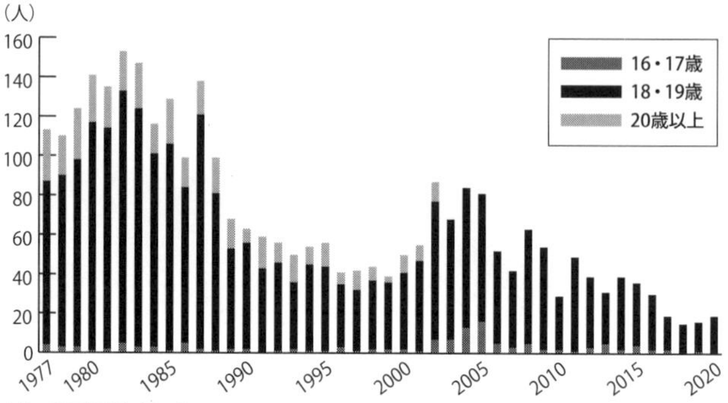

出典：矯正統計年報による。

図4-5　新少年院収容人員の推移

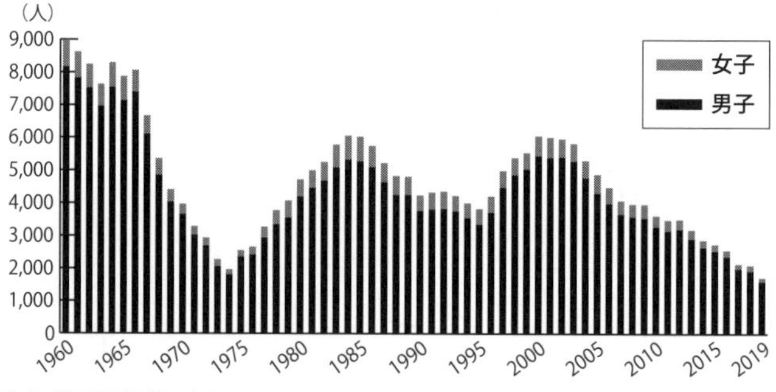

出典：矯正統計年報による。

という印象を持つ市民は多いと思われるが、1965年前後に年に450人いた殺人少年は、現在は50人前後で推移するなど、最近は一貫して減少傾向にある[5]。

図4-4は、新たに刑務所に収容された少年受刑者を、**図4-5**は、新たに少年院に収容された少年の人数の推移を示したものである。新少年受刑者および新少年院収容者とも、検挙人員と同様に団塊ジュニア世代が非行適齢期にあるときと、1997年以降の警察による重大非行少年の積極逮捕と2000年少年法改正といった厳罰化によって山ができてい

5　1998年以降数年間に殺人で検挙される少年が増加したのは、少年犯罪に対する厳罰化で未遂の検挙が増えた可能性がある（「殺人」には未遂も含まれる）。

る。

なお、新少年院収容者が1974年を底に急減・急増していることについては、『昭和52年版犯罪白書』に次のような記述がある。「昭和24年に新しい法制の下で運営を開始した少年院は、当初、未整備の施設に終戦後の混乱期の影響から多数の少年を収容していた事情などもあったため、その収容期間は比較的短期であったが、その後、30年代に至り、整備が進むに従い、教育内容も充実し、全人格的教育を強調する時代的要請も加わって、収容期間も全般的に長く、かつ、ある程度固定化する傾向にあった。一方では、非行がそれほど進行しておらず、著しい性格の偏りや心身の障害もなく、反社会的集団にも加入していない少年に、比較的短い期間で矯正教育を受けるのも有効であることから、昭和30年代前半に、大阪府下の和泉少年院において短期処遇の試みが開始された。その後、関係機関からの要望や同院における教育処遇の実績を基にして、他の少年院においても短期の処遇に移行する少年院が増加し、51年末には、12の少年院が短期処遇を実施するに至った」。

つまり、膠着化していた少年院への収容期間を弾力化し、選択肢を増やすなど処遇改革を進めるといった少年院の運営改善を行うことで、家庭裁判所による少年院送致が増加したのである。

第３章でも紹介したが、少年犯罪の実証的な分析については、元警察庁科学警察研究所の研究員であった犯罪社会学者の岡邊健が、『現代日本の少年非行』[6]の中で詳細に分析している。岡邊は、警察データを最先端の統計手法で分析し、マスコミ等で信じられている少年非行の凶悪化、低年齢化、そして一般化[7]のすべてを否定している。岡邊の分析で興味深いのは、７～８割の非行が初発のみで収束していること、その一方で、貧困や親の養育態度など生育環境にリスクを持つ者が比較的軽微な非行から非行性を深めていること、そうした少数の累犯非行が

6　岡邊健『現代日本の少年非行――その発生態様と関連要因に関する実証的研究』（現代人文社、2013年）。

7　「いきなり型非行」に代表されるような非行の裾野が広がっているという言説である。

非行全体のかなりの部分を担っていることを指摘したことにある。さらに岡邊は、諸外国では常識とされている、初発非行年齢が早いと累犯化しやすいといった傾向が日本では見られないことを確認しており、これは日本の少年非行を考えるうえでとても重要な発見と言える。

いずれにしても、凶悪事件を含む日本の少年犯罪は少子化によって減少傾向にあり、非行のほとんどが最初の補導で収束している。しかも、この非行の収束が諸外国と比較してかなり早い年齢で始まるため、日本は先進国でもまれにみる非行少年の少ない社会を実現しているのである。

少年事件の裁判員を務める人が、まず知っておかなくてはならないことは、日本の少年非行は凶悪化も深刻化もしていないという事実である。というのも、後でも触れるが、裁判員裁判の判決文や判決後の裁判員のコメントに、「少年法は時代に合わせて変えていくべきである」といった文言が現れることがあるが、どうもその背景に、裁判員の頭の中に、自分たちが関わった裁判だけでなく、凶悪な少年事件が増加しているという間違った思い込みがあるのではないかと危惧されるからである。

少年院と少年刑務所における処遇の違い

1　施設パンフレットに見る少年院・少年刑務所

さて、本題の少年院と少年刑務所の処遇の違いを考えてみよう。この両者は、実際にそれぞれの施設に数日間滞在して見れば、その違いの大きさを実感することができるのだが、その違いを言葉で説明しようとすると意外と難しい。これは、少年院と少年刑務所のパンフレット（施設案内のしおり）を入手して比べてみるとわかる。筆者は、少年院と少年刑務所の両方に勤務し、施設参観を担当したことがあるが、パンフレットだけを比べるとほとんど同じことが書かれていることに驚くとともに、強い違和感を持った経験がある。しかし、どちらかのパンフレットに嘘が書かれているわけではなく、処遇環境を含む処遇実態がパンフレットからは読み取れないのである。

たとえば、松本少年刑務所のパンフレットを見てみよう。冒頭の部分に「青少年受刑者が再び罪を犯すことのない強い意志と社会生活に必要な知識・技能を身につけて社会復帰できるよう、改善指導、職業訓練、教科指導などさまざまな指導を行っています」と書かれている。そのうえで、起床から就寝に至るまでの一日のスケジュールが示され、次いで覚醒剤離脱指導や性犯罪プログラムなどの改善指導、自動車整備等の職業訓練、中学校・高等学校課程の教科教育、スポーツや書道といったクラブ活動の例などが写真などとともに紹介されている。この記述自体に嘘はないが、このパンフレットを読んだだけでは、まるで学校のような施設が想像され、懲役刑を執行する少年刑務所生活の実態は見えてこない。

少年院のパンフレットも少年刑務所とほぼ同様のつくりとなっている。多摩少年院のパンフレットでも「少年を収容し、生活指導・職業補導・教科教育等を中心とした教育・訓練を行い、社会生活に適応できる健全な少年に育成することを目的とした法務省の施設です」と書かれ、一日の生活の流れを示したスケジュールや運動会などの年間行事の説明の後で、職業訓練、非行グループワーク、園芸活動、社会奉仕活動、社会適応訓練などが写真とともに紹介されている。

パンフレット上の両者の違いはほとんどない。ただし、注意深く読めば、入所から退所に至るまでの指導過程について、少年院のほうが社会復帰に向けた処遇の流れがより体系的に示されている点に気づくはずである。実は、ここにこそ少年院と少年刑務所の本質的な違いが現れている。少年院も刑務所も、その処遇内容を部分(パーツ)に分解すると、規則正しい日課、厳しい生活指導、教科教育、犯罪類型別指導、職業訓練、各種行事ということになる。少年院も少年刑務所もこれらを組み合わせた日課で処遇が構成されている。しかし、分解したパーツは同じでもそれらを組み合わせれば同じ処遇になるかと言えばそうではない。そこの理由をこれから説明していこう。

2　教育（処遇）課程・過程（プロセス）

まず、入院（入所）から出院（出所）に向けた処遇プロセスの体系についてである。

いうまでもなく、少年院は、少年法23条に規定された家庭裁判所が決定した保護処分を行う施設である。保護処分の目的は、少年法１条に規定されているとおり、少年の健全な育成を期し、非行のある少年に対して性格の矯正および環境の調整を行うことである。少年院での処遇は、少年院法15条において「在院者の処遇は、その人権を尊重しつつ、明るく規則正しい環境の下で、その健全な心身の成長を図るとともに、その自覚に訴えて改善更生の意欲を喚起し、並びに自主、自律及び協同の精神を養うことに資するよう行うものとする」と規定され、同条２項において「在院者の処遇に当たっては、医学、心理学、教育学、社会学その他の専門的知識及び技術を活用するとともに、個々の在院者の性格、年齢、経歴、心身の状況及び発達の程度、非行の状況、家庭環境、交友関係その他の事情を踏まえ、その者の最善の利益を考慮して、その者に対する処遇がその特性に応じたものとなるようにしなければならない」と規定されている。つまり、少年院は、その処遇のすべてが、少年の社会復帰を目的とした教育でなくてはならないのである。そのため少年院には、基本的な処遇課程が目標となる処遇期間とともに設けられている。たとえば、一般短期処遇であれば６カ月、長期処遇であれば１年といった感じである。さらに、少年の社会復帰に必要な教育に応じて、義務教育課程、社会適応課程といった矯正教育課程のほか、知的障害や発達障害といった特殊教育や医療が必要な支援教育課程も設けられている。そして、それぞれの課程ごとに、社会復帰を目的として、入院してから出院し社会に戻るまでに必要なプログラムが段階を踏んで実施されている。つまり、少年院では成績による進級制度が取り入れられており、入院時を３級として、２級から１級へと進級することで仮退院が可能となる仕組みとなっている。そして、少年一人ひとりにこの進級制度に対応した個別的処遇計画が作られ、それぞれの段階ごとに更生に向けた課題（目標）が設定され、それらをクリアすることで仮退院につながるのである。

これに対して少年刑務所は、刑法12条に規定された懲役という刑罰を実施する刑事施設である。同条2項には、「懲役は、刑事施設に拘置して所定の作業を行わせる」と規定されている。また、刑法には、刑罰の目的規程は存在しない。旧少年院法には、教育とは関係ない労働に従事させてはならないという規定すらあったのに対して、少年刑務所は懲役を執行する刑事施設であるため懲らしめとして労働が科されるのである。パンフレット上は同じように見える少年院と少年刑務所の職業訓練や作業（労働）も、その意味は大きく異なるのである。

また、少年院では教育課程ごとに一定の目標期間が定められ、出院に向け、段階に応じた教育が行われるが、少年刑務所は懲役刑を執行する施設であり、刑期は刑罰の軽重によってのみ変化する。少年院における収容期間が少年の教育に必要な期間を表しているのに対して、少年刑務所の刑期は刑罰の重さを表している。少年刑務所でも入所準備や出所準備（各2週間程度）の期間は一定程度設けられてはいるが、その処遇の中心は懲役である刑務作業に従事させることであり、社会復帰に向けた体系的な処遇課程は存在せず、少年院のように段階的な処遇を行うことはほとんど不可能である[8]。

3　教育（処遇）環境

パーツを組み合わせても同じ処遇にならないもう一つの理由は、処遇

8　ちなみに、処遇の原則に関して条文上の違いを探してみると次のようなものがあった。刑務所について、刑事施設収容法30条（受刑者の処遇の原則）「受刑者の処遇は、その者の資質及び環境に応じ、その自覚に訴え、改善更生の意欲の喚起及び社会生活に適応する能力の育成を図ることを旨として行うものとする」。少年院について、少年院法15条（処遇の原則）「在院者の処遇は、その人権を尊重しつつ、明るく規則正しい環境の下で、その健全な心身の成長を図るとともに、その自覚に訴えて改善更生の意欲を喚起し、並びに自主、自律及び協同の精神を養うことに資するよう行うものとする」。同条2項「在院者の処遇に当たっては、医学、心理学、教育学、社会学その他の専門的知識及び技術を活用するとともに、個々の在院者の性格、年齢、経歴、心身の状況及び発達の程度、非行の状況、家庭環境、交友関係その他の事情を踏まえ、その者の最善の利益を考慮して、その者に対する処遇がその特性に応じたものとなるようにしなければならない」（下線は筆者による）。

を実施する文脈（処遇風土）の違いにある。

少年院と少年刑務所で外形上大きく異なるのは、施設規模である。少年院は施設規模が小さく、一人の教官が、生活指導、職業訓練、学科教育、カウンセリングに至るまで何役もこなさなくてはならない。刑務所は施設規模が大きく、少数の刑務官が多数の受刑者を処遇するため管理が中心となり、職員ごとの分業化が進んでいる。この分業制が進んでいる点が、刑務所が受刑者を効率的に管理するうえでの特徴であると同時に、「育て直し」が必要な対象に対して十分な対応を困難にしている点でもある。施設規模が大きくなると、たとえ被収容者と職員の比率が少年院と同比率であったとしても、まったく異なった施設風土が形成される。

100人の少年を50人の教官が指導するのと、1,000人の少年受刑者を500人の刑務官が指導するのとでは、比率は同じでも指導の仕方は自ずと異なり、一人ひとりに対するきめ細やかな指導ではなく、組織的・管理的な効率を重視した処遇が行われることになる。刑務所が受刑者を名前ではなく番号で呼ぶのはこのためである（少年院では名前で呼ぶ）。大きな矯正施設では、管理を強化する必要から上下関係が重視される。その結果、施設長等の幹部の権限・権威が強化されるが、施設長等の上級幹部は直接被収容者と接することがなくなり、現場の職員が個々の被収容者に関する情報や問題意識を共有できなくなり、臨機応変で柔軟な対応（処遇の変更）ができなくなる。それを象徴的に表しているのが施設長の役割の違いである。少年院長は、収容少年の名前をすべて把握し、必要に応じて少年と個別に面接をし、草むしりを含めて少年と一緒に行事に参加する[9]。これに対して、刑務所長が個々の受刑者に関心を持つことは稀であり、直接言葉を交わす機会はほぼない。

また、被収容者の処遇に関して、刑務官と受刑者の関係は管理する

9　旧少年院法22条には、「日常の生活においては、少年院の職員は、つとめて在院者と行動をともにし、自ら範を示すことにより、秩序を尊び自他を敬愛し、併せて物を大切にする習慣を養成するように訓練を施さなければならない」と規定されていた。率先垂範である。

者とされる者であり、保安事故[10]防止の観点から特別なカウンセリングの時間を除いて日常生活の中に余分な会話が存在しないのに対して、少年院の教官と少年の関係は教師と生徒の関係であり、日常生活の中で静粛にすべき場合を除いて常時会話が存在する。犯罪学の研究においても、矯正処遇の効果は処遇基盤（処遇風土）に依存するとされており、まったく同じ処遇プログラムを実施するとしても教育的な処遇基盤のほうが大きな効果が期待できることがわかっている。

さらに、もう一つ少年院と刑務所の本質的な違いがある。それは、少年院では少年を信頼し信用することが教官の基本的な構えであるが、刑務所では受刑者を信用しないことが刑務官の基本的な構えとなっている点である。もちろん少年院も矯正施設である以上、規律が乱れたり、保安事故を起こしたりすることは許されない。矯正施設で少年を信頼するということは、少年院の教育的な雰囲気の下で教官による少年の心情把握が十分にできてはじめて可能となる。これを可能にしているのは、先に指摘した少年院の施設規模の小ささと、教育的な施設風土である。教育の基本は信頼関係にある。少年院では、新しい教官が着任すると朝礼で少年に対して自己紹介をするところから教育が始まるが、刑務官が受刑者に名前を名乗ることは極めて稀なことである。名前を名乗らない関係では、そもそも教育的な関係は成立しない。

4　夜間指導

少年院と少年刑務所の指導の違いが最もよく現れるのは夜間指導である。少年刑務所の場合、職員配置や保安上の理由から、作業修了後、

10　2014年3月7日に岐阜刑務所の男性刑務官が、受刑者同士を面会させる便を図ったとして懲戒処分を受けた。刑務官は「（受刑者と）仲良くなり過ぎた」と話しており、同日付で依願退職している。この事案に見られるように、職員が受刑者と親しくなるなどして篭絡されたり、逆に脅迫されたりすることを防止する目的で不要な会話が禁止されている。刑務官が常に念頭に置かなければならない「保安の原則」には、交談取締りの原則や部外者との接触取締りの原則があり、刑務官は被収容者同士や外部の者との会話を原則制限しなければならず、また、厳正な勤務態度保持の原則として、必要な指示以外被収容者とは無用な会話をしないこと、戒護勤務中には職員間においても会話を最小限にすることが求められている。

つまり午後5時以降は、少年受刑者であっても鍵のかかった居室で過ごすことになり、夕食も居室内でとり、自学自習を除いて教育的な働きかけは行われない。

しかし、少年院における教育の本領は夜間指導に発揮される。少年院では夕食も教育の一環とみなされ、同じ寮生同士食堂で夕食をとり、その後も就寝時間まで、寮ごとに夜間当直教官とともに過ごすことになる。日中は細かく日課が定められ、集団行動が原則となるが、夜間は集会（グループミーティング）だけでなく、個別面接、補習授業など日中にはできない個別指導が行われる。少年院に収容されている少年はよく猫をかぶっているといわれているが、一日中猫をかぶるのは困難であり、夜間は将来への不安、家族への思い、他生徒との関係など本音が噴出し、それに対応することが少年院教官の腕の見せどころでもある。

5　実務家からの声

日本犯罪社会学会では2012年の大会で「少年事件の裁判員裁判——何を伝えるのか、何が伝わるのか」と題したテーマセッションを行った。そのセッションで、パネリストの一人であった中島学（当時浪速少年院次長）は、少年院と少年刑務所との処遇の違いについて次のように述べている[11]。

①　少年刑務所

「少年刑務所の収容定員は400名～1,400名程度と大規模であり、一般工場の就業受刑者は数十名と多く、集団管理を基本とした施設環境下で、週40時間、刑務作業を中心とした矯正処遇が展開されている。これら矯正処遇以外の時間のほとんどは、鍵がかかった居室に閉居され、自己決定が極度に低く、塀の中で刑務官に管理され規律化が促進されやすい生活環境である」。

「少年行刑は応報・社会防衛のため自己決定権（自由）が制限され、

11　日本犯罪社会学会第39回（2012年）大会要旨報告集より。

所定の作業を苦役とし実施する刑罰執行施設である事を前提としているが、刑事収容法施行後は、受刑者の再犯防止と再社会化に向けた処遇が展開されている」。

② 少年院

「少年院の収容定員は数十名～180名程度と比較的小規模であり、1寮20名前後の定員の寮を中心とした生活環境下で、就寝時以外は常に職員の指導下にあり、また、フェンスはあるが機械警備も含め、拘束感・閉塞感をできるだけ低く設定した管理体制が取られている」。

「少年院の処遇は、健全育成理念に基づく保護処分として、人格の形成過程にある在院者に対して、再非行抑制と的確な自己決定能力の獲得等を目指した成長発達支援が、教官もその構成メンバーとする寮集団をベースとする集団処遇が展開されている」。

つまり、中島が考える少年院と少年刑務所の違いは、要約すると、自発性や自己決定力を育てられるかどうかにあるということであろう。

6 「少年受刑者」処遇の流れ

さて、次に少年受刑者処遇の流れを見ておこう。懲役が確定した少年の場合、そのすべての期間を少年刑務所で過ごすわけではない。刑が確定した少年受刑者（刑の執行開始時において20歳に満たない者で、処遇要領（後述）の策定のとき満20歳に達している者を含む）は3年間に限り少年受刑者として特別な処遇を受けることになる。

図4-6は、刑期別に少年受刑者の処遇をフローチャートで示したものである。彼らは、まず、調査センターでさまざまな心理テストを受けるなど、心身の状態や処遇上の必要性・問題点等について調査を受け、処遇要領と呼ばれる処遇計画が策定される。その後、刑の執行時において20歳未満の者については、2001（平成13）年3月22日付矯正局長通達「少年受刑者等の処遇の充実について」（2006〔平成18〕年5月23日に一部改正）に従って、20歳になるまで、または3年間（処遇要領の策定から20歳になるまでに3年以上ある者については20歳になるまで）少

図4-6　少年受刑者処遇の流れ

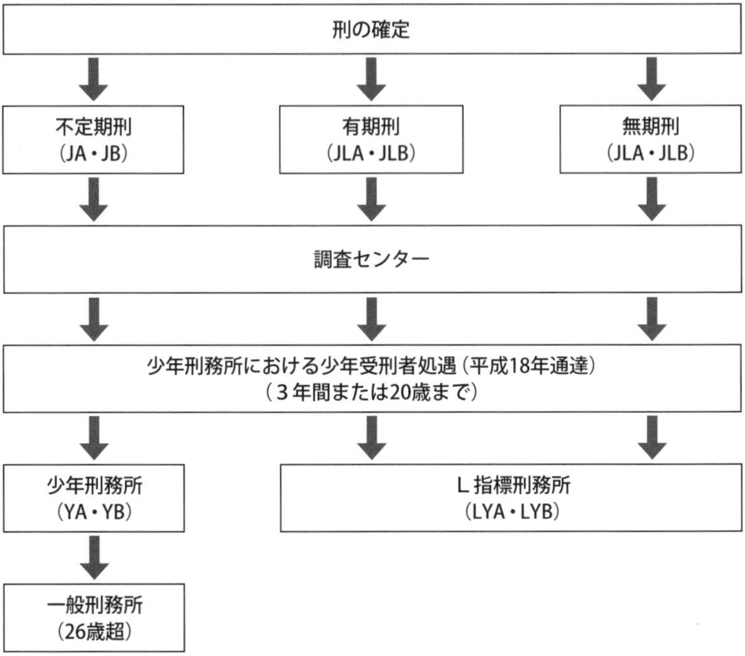

年受刑者（J指標）として処遇を受けることになる。少年受刑者として処遇される期間のうち1年間は夜間単独室で過ごし、教育担当の教官らが個別担任となり日記指導などが行われる。昼間は刑務作業（労働）を行うが、たとえば川越少年刑務所では、少年工場を設け刑務作業として園芸や窯業が行われている[12]。この処遇の対象者は20歳を超えている者が多いため、2年目からは、個別担任と日記指導は継続するものの、他の青年受刑者（Y指標）と同じ職業訓練や刑務作業に従事し、夜間は集団室に移される場合もある[13]。また、感情表現訓練や被害者の視点を取

12　廃庁となった奈良少年刑務所には少年工場はなく、他の青年受刑者と同じ工場で職業訓練等を受けていた。

13　法務省主催「平成20年改正少年法等に関する意見交換会について」遊佐篤史（矯正局成人矯正課補佐官）による説明（2012年5月25日実施）第4回議事録から〈http://www.moj.go.jp/content/000099554.pdf〉。

り入れた教育などの特別改善指導プログラムが用意されている[14]。加えて年1回程度であるが、希望する者を対象に保護者会なども開かれている。

なお、犯行時に少年であっても刑の確定時に20歳を超えている者については、理念的には少年法の適用を受けるものの、少年受刑者としての処遇は実施されない。また、不定期刑が確定した者の場合には、3年間の少年受刑者処遇が終了した後は、Y指標の青年受刑者としてそのまま少年刑務所に収容され、26歳を超えた時点で一般の刑務所に移送される。また、15年といった有期刑や無期刑が確定した者については、少年受刑者処遇が修了後、L指標の長期刑を専門に収容する施設に移送される。

仮釈放については、不定期刑が確定した者の場合には、現在のところ長期（不定期刑の上限）を基準に仮釈放審査が運用されている。そのため、5～10年の不定期刑と10年の有期刑が確定した場合では、仮釈放の運用にはほとんど差はない。いずれにしても、1990年代後半からの厳罰化と被害者遺族の刑事司法手続参加の影響で、人が死亡している事件で受刑者自身が遺族でない場合には、仮釈放の適用はかなり困難だと考えてよい。つまり、無期刑を言い渡された場合には、現状の運用が続く限り、仮釈放の可能性は極めて小さく、実質的な終身刑と考えるべきである。

専門家証人の経験から

筆者はこれまでに、殺人や傷害致死を罪名とする少年事件の刑事裁判に対して3回、専門家証人として出廷した経験がある。そのうち2回

14　川越少年刑務所の教育部長が、家庭裁判所月報57巻4号（2005年）に「少年刑務所における処遇の実情——改正少年法下の取組を中心に」という論考を載せ、少年受刑者処遇の改善への取組みを紹介している。たしかに、筆者が川越少年刑務所に勤務していた1991年と比較すると、少年刑務所が処遇プログラムの多様化や個別化に向けて努力していることは事実であるが、教育部長自身が指摘しているように、少年刑務所は「個人に対するきめ細やかさは少年院に比べ劣るが、組織として専門的かつ合理的に多人数の受刑者にかかわる体制となっている」のであり、あくまでも刑事処分の場所であり、少年院化することが目指されているわけではない。

が裁判員裁判である。最初の裁判は、筆者が執筆した意見書に対して検察官が不同意した後のいわゆる弁護側の専門家証人であった。それは、質問されたことに対してのみ回答するという極めてストレスのたまる経験であり、なおかつ筆者の証言が判決において一顧だにされないという不全感の残る結果であった。この経験がトラウマとなって、その後は専門家証人としての依頼はお断りしていたのだが、裁判員裁判では裁判員に対するレクチャー形式の証言が許可されるようになってきた。レクチャー方式であれば、事件の被告人にどのような処遇が望ましいかではなく、あくまで矯正処遇の専門家として中立の立場で少年院と少年刑務所での処遇の違いのみについて講義することが可能となり、それを条件に専門家証人にこれまで裁判員裁判に2回出廷した。ここでは、そこで感じたことを少しまとめておくことにする。

最初の事件は、16歳の知的障害のある少年が健常者である共犯少年とともに起こした傷害致死事件であった。共犯者の量刑から3〜5年の不定期刑が見込まれる事件であった。筆者のレクチャー形式の意見陳述は、本章に書かれたような内容をひととおり説明しつつ、被告人に知的障害があったため、少年院での特殊教育課程（支援教育課程）などを含めて、再犯防止や少年の更生の観点から少年院と少年刑務所のそれぞれについて、できることと、できないことなどについて説明した。中立的な立場ということで、どちらが少年に対して望ましいかについては明言しなかったが、16歳でなおかつ知的障害を持っているということで、支援教育課程の存在や、育て直しの必要性を含めて、少年の更生や再犯防止を考えるのであれば少年院に利があるといった流れの説明をした。その際に、少年院は保護処分として本人の発達を考慮した教育を行う教育施設であり、少年刑務所は本人の自覚に訴えた改善指導を行うものの、懲役という刑罰を執行する刑事施設であることを強調した。また、この被告人の場合、保護処分で少年院に収容されれば相当長期で2〜3年の教育期間が予想され、3〜5年の不定期刑とも収容期間に大きな乖離はなかった。弁護人の話でも裁判官は、少年の年齢や資質上の問題から少年法55条により事件を家庭裁判所に移送すること（再度家庭裁判所に差し戻すこと）に関心を持っている様子であるとの報告を受けていた。筆者も裁判官との質疑からそのような印象を持った。ただ、このとき裁判員からの質問が一つもなかったことが少し気になっていた。結果、判決は懲役3年6月〜5年の不定期刑であり、被告人にとって教育が必要なことは間違いないが、犯した罪の内容からすれば、その責任をとらせるためには保護処分は相当でないとの判示がなされた。証言時に裁判員からまったく質問がなかったことや判示の内容から、筆者が、少年刑務所は教育機関ではなく、刑罰を執行し犯した行為の責任をとってもらう刑事施設であると強調したことが、筆者の意図とは反対方向に裁判員の心を押したのかもしれないという印象を持った。

もう一つの裁判員裁判は、19歳（犯行時18歳）の少年が深夜、通行中の女性を殺害して金品を奪った強盗殺人事件であり、こちらは少年法55条適用の可能性はほとんどない事件であった。この裁判の場合、被告人の年齢、資質上の問題や事案の悪質性に鑑み、筆者は被告人には少年院での処遇が望ましいという態度はとらなかった。そして、裁判員には判決後の再犯防止や更生を具体的に想像しながら量刑についても考えてもらいたいという気持ちから、少年院と少年刑務所、とくに刑務所での受刑者処遇について淡々と説明を行った。刑務所における処遇については少年に対する有期刑の上限15年を想定した説明をし、無期刑が事実上終身刑化していることには言及しなかった。しかし、ここでも裁判員からの質問はまったくなく、検察官の求刑どおり無期懲役が言い渡された。

この2つの裁判のいずれも、被害者が死亡し、被害者遺族が公判に参加していた。判決後あらためて裁判員が何を考えながら筆者の説明を聞いていたのかを、公判廷で証言していた自分自身と重ね合わせながら考え直した。すると、被害者遺族の前で、被告人の更生の可能性について裁判員が質問することは相当に勇気のいる行為ではないかということに気がついた。いずれのケースも、子どもや兄弟を失った家族の処罰感情には激烈なものがあった。そうした被害者遺族の目の前で筆者が講義した内容は、反省の深め方や再犯防止といった内容も含まれているが、結局は、少年院や少年刑務所の中で被告人である少年に対してどのような教育や処遇が行われ、それが社会復帰や再犯防止にどのような影響を与えるかについてであった。

つまり、生きている被告人の未来についての話をしたのである。被害者遺族にとっては、被告人である少年が心の底から罪を悔い、反省したとしても、家族が無残にも殺されている現状に変化はなく、時は止まったままである。にもかかわらず、法廷で再犯防止を含め被告人の社会復帰が語られるということは、被告人の未来が語られるということであり、それが遺族にどう受け止められるかは容易に想像がつく。そうした遺族感情は、当然、裁判員にも伝わるはずである。遺族の前で被告人の更生に関心を持っていることを示すこと自体が、遺族の気持ちを逆なでするのではないかと不安になる。裁判員が誰一人として筆者の講義に対して質問しなかった背景には、このような裁判員の心の動きがあったのではないだろうか。というのも、それはまた弁護側証人として出廷していた筆者自身の偽らざる気持ちでもあるからである。裁判員は、常に被害者遺族から「あなたはどちらの味方なのかと」試されている心境になるのは間違いない。

おわりに

殺人を犯した少年の裁判員裁判の判決文や判決後の裁判員のコメントにしばしば聞かれるのが、「少年法は時代に合っていない」とか「少年法は時代に合わせて改正されるべき」というコメントである。これは何を意味しているのであろうか。こうしたコメントが、少年による殺人等の凶悪犯罪が減少し続けていることを正しく理解したうえで、少年による殺人事件が減少し、少年に殺されるリスクが減少している現代だからこそ、被害者遺族の立場に立って一つひとつの事件を従来よりも重く受け止め、厳罰化すべきだという意味であれば理解できなくはない。

しかし、おそらくそうではないのではないか。2015年に内閣府が実施した世論調査でも少年非行が増加していると回答した者が約８割であった。上記のようなコメントの背景には、少年法が少年を甘やかしている、だから少年による凶悪事件が後を絶たないのだ、という不正確な事実認識が見え隠れしているように思える。筆者がこの原稿を書いている際に読んでいた推理小説でも「どんなに悪さをしても、少年法でさっさと娑婆に戻ってきてしまう。だから、ガキどもは高をくくってるんだ。20歳になるまでは、何をしても大丈夫だってね」[15]と警察官が語っているシーンがあった。こうした誤解が、成人の刑事司法にしか関わらない専門家を含めて蔓延しているのではないだろうか。少年法は決して少年を甘やかしたりはしないし、問題性の大きな少年を少年という理由だけで軽く扱ったりはしない。その証拠に、少年院と少年刑務所の両方を経験した受刑者は異口同音に、より深く内面に働きかけ反省を促す少年院のほうが刑務所よりも精神的にきつかったと口を揃える。少年院のほうが刑務所よりも楽だということは決してないのである。

一般刑法犯の認知件数が20年近く減少し続け、殺人の認知件数が５年連続戦後最低を更新し続けているにもかかわらず、2012年の内閣府の世論調査によると80％以上の人が治安は悪くなっていると認識している。こうした間違った認識が修正されることなく、検察官の主張する一般予防などの観点から量刑に影響しているとすれば、かなり問題である。裁判員裁判においては、事件とは直接関係なくても、刑事手続上の基礎知識として少年法の概要や理念だけでなく、少年に限らず凶悪事件は減少し続けているといった統計的な事実は伝えるべきではないだろうか。こうした犯罪統計に関する正しい知識は、筆者の知る限り多くの裁判官や検察官にも必要だと思われる。

筆者は、裁判員裁判で人を裁く意味は、素朴な市民感情を裁判に持

15　今野敏『虎の尾』（徳間書店、2014年）138頁。

ち込むことではなく、市民である裁判員が犯罪と刑罰について考える機会を持てることにあると考えている。法律家は、行為責任主義に基づいて、罪を犯した人に罪に比例した報いを受けてもらうことが刑罰だと考える。そこでは、被告人がなぜ罪を犯すようになったのか、どうすれば罪を犯さずにすんだのかということや、刑罰を受けた後被告人がどうなるのかは議論の中心にはなりえない。裁判員は、こうした法律家の思考をなぞるのではなく、市民として、なぜ犯罪が起きたのか、どうすれば防げたのかを考えることで、社会における罪と罰、なぜ犯罪が起こり、どうしたら防げるのかを考える機会にしてもらいたい。

今の日本社会において、犯罪者になる確率も被害者になる確率もそれほど高くはない。しかし、罪を犯す人のほとんどは特殊な人たちではなく、さまざまな生きづらさを抱えた普通の人たちである。少年事件の場合には、刑罰を科すだけでなく、家庭裁判所に移送して保護処分にできる選択肢がある。裁判員には、ぜひ、加害少年が自分の身内だったらという視点から、なぜ事件が起き、どうすれば防げたのか、周囲にできることはなかったのか、どうすれば少年たちが立ち直り再犯を防ぐことができるのかを議論してもらいたい。

第5章

家族と非行の犯罪学

はじめに——親と非行

筆者は、これまでに少年鑑別所や少年院、そして保護観察所で多くの非行少年を見てきた。そして、大学教員となってからは、国内外の非行研究に触れ、各国の少年施設を巡ってきた。そこで確信したことは、家族に問題を抱えていない非行少年はいないということである。個人的には仲の良い両親を持つ非行少年を見た記憶がない。もちろん、両親が不仲であれば子どもが非行化するわけではない。両親の不仲など家族の機能不全は、非行の背景要因であって原因ではない。非行は、ひきこもりなどと同様に家族の機能不全などから派生する不適応行動の一つにすぎない。ただし、両親の仲が良ければ子どもが非行化しにくく、非行化しても立ち直りが早いのも事実である。

両親が不仲だとどうして子どもが非行化しやすいのか。心理学ではさまざまな説明が行われている。精神分析学で有名なジグムント・フロイトは、子どもは親子関係を通して社会性を身につけていくと主張した。フロイトは、人はイドという本能的かつ衝動的な生命力（欲求）を持って生まれるが、それを社会的に望ましい形でコントロールするためには心の中に自我と超自我とを形成していくことが必要となると考えた。自動車にたとえると、イドがエンジンで、自我がハンドルとアクセル、超自我がブレーキということになる。そして、自我や超自我は適切な親子関係の中で形成されていく。男の子であれば、母親に愛されている父親のようになりたいと考えることで、父親をモデルとして自我や超自我を形成し、社会性を身につけていく。両親の仲が悪く、母親が父親のことを否定すれば、当然、子どもは混乱し、父親をモデルとして取り入れることができず、自我や超自我の形成に失敗し、非行化してしまうのである。

最近、目覚ましい発展を遂げている脳科学も、両親の不仲や虐待が子どもの脳の発達に影響を与え、それが非行化の背景要因となりうることを明らかにしている。小児科医である友田明美は、ハーバード大学との共同研究によって、児童虐待が脳の発達に強いダメージを与えることを見出した。友田らの研究によると、幼児期に虐待ストレスを受け続けると、感情中枢である扁桃体が異常に興奮し、副腎皮質にストレスホルモンを出すよう指令を出す。その過剰なストレスホルモンが脳の発達にダメージを与える。友田らは、虐待を受けると前頭葉が小さくなり、自己統制力が弱くなったり、凶暴になったり、集中力が低下したりする可能性を指摘した。また、身体的な虐待を伴わない言葉の虐待によっても脳の聴覚野が変形し、会話やコミュニケーション不全に至ることを見出した。さらに友田らは、子どもに対する直接的暴言だけでなく、子どもが両親間の暴力や継続的な口論にさらされ続けるだけで子どもの脳の視覚野が小さくなり、それによって他人の表情がわかりにくくなったり、脳の海馬や扁桃体に異常を来し、怒りや不安を感じやすくなったりすることで、対人関係がうまくいかなくなる可能性があることを見出した[1]。つまり、両親が不仲だと、家庭の中で両親の口論にさらされることによって子どもの脳の発達が阻害され、それが子どもの不適応を引き起こすのである。

非行と家族の経済状態との関係

非行少年が抱える家族の問題は親の不仲だけでなく、さまざまである。少年院に収容される少年の5割以上が片親、4割が母子家庭である。だからといって、片親であることが非行の原因というわけではない。

1　友田明美「脳科学・神経科学と少年非行」犯罪社会学研究42号（2017年）11～18頁。

片親になった理由の多くは両親の不仲による離婚であり、子どもが非行化するかどうかは、離婚までの不和な状態がいつ頃からどの程度続いたのかが重要な鍵となる。離婚によって家庭内での口論がなくなることは、子どもの脳の発達にプラスに作用することもある。ただし、日本の場合、離婚によって母子家庭となると、その経済的基盤が極めて脆弱になりがちであるため、母親が生計を支えるために昼夜働きに出なくてはならなくなり、子どもと過ごす時間がとれないことなどが非行化を招く要因ともなっている。

アメリカの非行研究の第一人者でありアメリカ犯罪学会の会長でもあったロバート・アグニュー[2]らは、非行と経済的要因を含む生活上の困難（生きづらさ）との関係について研究している。そして彼らは、非行と関係しているのは貧困や社会階層そのものではなく、貧困から発生する「（経済的）困難（economic problems）」であると指摘した。アグニューらが使用している「（経済的）困難」とは、具体的には、住居や食事など生活に必要なものが購入できない（転居を余儀なくされる）、道具が購入できず部活などスポーツに参加できない、具合が悪くても医師にかかれない、電気ガス水道などの料金が払えず電気や水道を止められてしまう、給食費が払えないといった生活上の困難を意味する。アグニューらは、こうした「（経済的）困難」がストレスや生きづらさの原因となり、保護者との関係を含めて社会的絆を弱体化させたりすることで非行化につながると説明している。さらにアグニューらは、「（経済的）困難」と非行との関係は直線的ではなく、生きづらさがある一定レベルを超えたときから非行化が発生すると指摘している。つまり、「（経済的）困難」が周囲からのサポートなどによって生きづらさにつながらなければ、非行化を防止することができるということであり、非行化を防止するためには家族に対する支援が重要だということでもある。

---

2 Agnew, R., Matthews, S. K., Bucher J., Weicher, A. N., & Keyes, C. (2008). Socioeconomic Status, Economic Problems, and Delinquency. Youth & Society, 40, 159-181.

エビデンスに基づく刑事政策

1　子育て支援による非行防止

EBP（Evidence Based Practice）という言葉を聞いたことがあるだろうか。エビデンスに基づいた実務という意味であり、行政が非行・犯罪対策を立案する際には科学的根拠に基づいて行われるべきだという文脈で使われる。犯罪対策の分野では、キャンベル共同計画という国際プロジェクトが、世界中の実証的（エビデンス）研究を集約して犯罪対策を含む社会政策についての効果を検証し、その結果を公表している[3]。

その成果の一つに「家庭・親の早期訓練プログラムが反社会的行動及び非行に与える効果」[4]という研究（系統的レビュー）がある。これは、子育てに問題を抱えた親に対する早期介入が子どもの非行防止につながるかどうかを検証した研究である。その結論は、出生前を含む5歳以下の子どもがいる家庭に対する育児訓練や親業訓練（parent training）といった早期の支援は、子どもの問題行動を予防することができるということであった。さらにこの研究では、こうした早期の介入が、子どもが成人した後の問題行動（犯罪）の防止にも効果があることが示唆されている。

心理学の分野では、フロイトをはじめとする専門家によって、児童虐待を含む保護者による不適切な子どもへの対応が心の発達にさまざまな影響を与えることが指摘されてきた。発達心理学者のジョン・ボウルビィは、有名な愛着（アタッチメント）理論の中で、3歳児ぐらいまでの間に暖かく親密な母子関係が不足すると、子どもの情緒の発達が阻害され

3　龍谷大学犯罪学研究センターにおいて、その成果を日本語に翻訳してHPで公開している〈https://crimrc.ryukoku.ac.jp/campbell/〉。

4　Piquero, A. R., Farrington, D. P., Welsh, B. C., Tremblay, R., & Wesley, G. (2008). Effects of Early Family/Parent Training Programs on Antisocial Behavior & Delinquency. Campbell Systematic Reviews, 4(1)（小林麻衣子訳「家庭・親の早期訓練プログラムが反社会的行動及び非行に与える効果」キャンベル共同計画　介入・政策評価系統的レビュー〔龍谷－キャンベルシリーズ〕4号〔2010年〕）.

非行などの問題行動を引き起こしやすくなると指摘している[5]。犯罪学の分野でも、マイケル・ゴットフレッドソンとトラビス・ハーシーは、『犯罪の一般理論』[6]の中で、犯罪や非行の背景に低いレベルの自己統制（セルフ・コントロール）が存在し、自己統制力の不足は幼児期までの保護者による不適切なしつけに起因すると指摘している。ノーベル経済学賞を受賞したジェームズ・ヘックマンは、教育の経済的効率性の観点から米国で行われた教育実験の結果を分析し、就学後よりも就学以前の幼児教育が、自己統制力・忍耐力・協調性などの非認知的スキルの持続的な形成に強く影響し、それが成人後の人生の成功に大きく関与していると指摘している[7]。

これらの研究が示唆していることは、家庭や親に対する早期（就学前）の支援的介入は持続可能な問題予防効果が高く、早期の介入によって成人した後の問題行動が予防できるなど、費用対効果で考えると大きなメリットが期待できるということである。

2　親の受刑が子どもに与えるリスク

キャンベル共同計画には、支援とは正反対の介入による効果から家族関係の重要性を裏づけた「子どもの反社会的行動及びメンタルヘルスに対する親の刑務所収容の影響」[8]という研究（系統的レビュー）がある。この研究は再犯防止などを目的とした介入の効果を見たものではなく、親を刑務所に入れるという刑事司法による家族に対する介入が子どもに与

5　Bowlby, J. (1946). Forty-Four Juvenile Thieves: Their Character and Home-Life（2nd ed.）. London: Bailliere, Tindall & Cox.

6　Gottfredson, M. R., & Hirschi, T. (1984). A general theory of crime. Stanford University Press（大渕憲一訳『犯罪の一般理論』〔丸善出版、2018年〕）.

7　Heckman, J. J. (2013). Giving Kids a Fair Chance. Cambridge: The MIT Press（古草秀子訳『幼児教育の経済学』〔東洋経済新報社、2015年〕）.

8　Murray, J., Farrington, D. P., Sekol, I., & Olsen, R. F. (2009). Effects of parental imprisonment on child antisocial behaviour and mental health. Campbell Systematic Reviews, 5(1), 1-105（小林麻衣子訳「子どもの反社会的行動及びメンタルヘルスに対する親の刑務所収容の影響」キャンベル共同計画　介入・政策評価系統的レビュー〔龍谷－キャンベルシリーズ〕8号〔2014年〕）.

える影響を評価したものである。日本では、刑罰を受けた本人に対する影響が語られることはあっても、その家族が受ける影響についてほとんど考慮されてこなかった。ある意味、日本では、加害者の家族も加害者の一部として非難の対象となることが多いため、刑罰が持つ加害者家族に対する負の影響という視点を持ちにくかったのかもしれない。この研究では、刑務所に親が収容されることがその子どもに与える影響を取り上げており、これまで顧みられることの少なかった加害者家族の問題に焦点を当てたという意味でも興味深いものとなっている。

親が受刑することは、親が子どもを虐待していた場合には、虐待を一時的に止める効果が期待される。しかし、残された子どもにとっては、養育者や収入の喪失といった直接的な影響のほかに、社会的非難からくるスティグマや転校・転居を余儀なくされることによる環境の変化など、さまざまな負の影響がもたらされる。これらは強いストレスとなって子どもに襲いかかり、メンタルヘルス上大きな問題を引き起こすことが予想される。これらの影響について、この研究は、受刑者の子どもたちとそうでない子どもたちとを比較した場合、受刑者の子どもたちは反社会的行動とメンタルヘルスの両面において大きな問題（リスク）を抱えていると結論づけている。親が受刑している子どもたちの多くが、それ以外の子どもたちと比較して、より望ましくないリスクにさらされていることは間違いのない事実であり、この研究は、刑事司法に対して子どもたちのリスクを低減するための対策の重要性を指摘している。

近時、日本でも児童虐待事件に対しては警察の介入や厳罰化を強く求める傾向があり、結果として保護者が受刑し、子どもが児童養護施設に預けられるケースが増えているが、この研究は、保護者を罰するだけでは子どもを守ったことにはならないことを示している。最近、日本においても再犯防止に対する関心が高まりつつあるが、罪を犯した者の更生を考えるのであれば、罪を犯した者だけでなく、彼らとともに生活している家族に対する支援を抜きに考えることはできない。

保護観察の弱点

筆者は、法務省からの派遣で国連（在イタリア国連犯罪司法研究所）[9]に勤務していたことがある。国際的に見て、日本の（成人の）刑事司法は行為責任主義に基づいた応報主義であり、刑務所への再入率も高く、刑務所での懲役刑の執行に至るまでの刑罰システムは、再犯防止や罪を犯した者の更生という観点からは必ずしもうまく機能しているとはいえない。しかし、その中で保護司制度だけは、国際的にも高く評価されている。それは、刑務所や少年院に入った人のほとんどはいずれ地域社会に戻ってくるため、再犯防止の観点からは彼らを地域社会で支える社会内処遇はとても重要であり、ボランティアである保護司が地域の中で対象者を指導する仕組みはとても理に適っているうえに、それが全国規模で制度化されている国は日本以外には存在しないからである。保護司制度の最大の強みは、保護観察対象者と同じ地域に生活するボランティアの保護司が、対象者の家族を含めて顔の見える関係の中で処遇に関わることができるところにある。

この保護司制度は、もともと旧少年法の少年保護司などをもとに生まれたものである。現少年法1条には、「この法律は、少年の健全な育成を期し、非行のある少年に対して性格の矯正及び環境の調整に関する保護処分を行うとともに、少年の刑事事件について特別の措置を講ずることを目的とする」と書かれている。ここで重要なことは、少年の健全育成を期すためには「環境の調整」、つまり家族関係を含む少年の生活環境の調整が必要だと指摘していることにある。しかし、残念ながら刑事司法の一翼を担う日本の保護観察では、少年法1条にある「性格の矯正」、つまり非行少年本人に対する働きかけだけに終始してしまうことが少なくない。これは、保護観察官がソーシャルワーカーではなく法執行官として位置づけられていることにも起因する。そして、ともすると保護

9　United Nations Interregional Crime and Justice Research Institute (UNICRI)〈http://www.unicri.it/〉.

観察官と協働して保護観察に当たる保護司にも同様の役割が期待されがちであり、保護司の多くは、非行の背後にある家族の問題に気づいていながらも、家族に働きかける権限は自分たちにはなく、あまり介入すべきでないと考えてしまう傾向にある。しかし、これまで述べてきたように、非行は問題を抱えた家族から発生する社会病理現象の一つであり、家族が変わらなければ非行問題を解決できないことが少なくない。

日本の少年院は優れた教育機関であり、家庭環境等に大きな問題を抱えた少年たちを環境から切り離して、ある意味無菌室の中で育て直しという名の治療（全人格教育）を行う。筆者も少年院での勤務経験があるが、少年院の中で少年たちは目に見えて変わっていく。しかし、少年院の中で大きく成長した少年たちも、その約３割弱は再び少年院や刑務所に戻ってくる。それは、彼らが帰る環境、つまり家族が変わっていないからである。

因と縁

以下の文章は「はしがき」にも書いたので繰り返しになるが、仏教の世界では、因縁という概念を大切にする。因は私たち一人ひとりの人間であり、縁とは家族など私たちを取り巻く環境のことである。因である人は縁に支えられてはじめて生きていくことができる。更生とは、罪を犯した人が再び生き直すということであり、生き直すためには社会の中に適切な縁を持つことが必要となる。筆者は、講演の最後にいつも「人は一人でも反省はできるが、一人で更生（生き直す）することはできない」[10]という言葉を使う。人が生き直すためには縁が必要で、一人ひとりの人にとって最も重要な縁となるのが家族である。

筆者が勤務している龍谷大学の建学の精神は、浄土真宗の精神である。浄土真宗の開祖である親鸞聖人の考え方は「人はめぐりあわせや出

10　浜井浩一「少子・高齢化が犯罪に与える影響とその中で持続可能な刑罰（刑事政策）の在り方」犯罪社会学研究36号（2011年）76～106頁（98頁参照）。

会いで変わる」、「人は誰もがどのように変わるかわからない」というものである[11]。つまり、私たちもめぐり合わせ（や縁）によっては罪を犯す側になりうるということである。人は、家族という縁によって犯罪者になることもあるが、家族によって立ち直ることもできる。人を更生させるためには、家族の外にも縁をつなげることで、家族全体を地域の縁で支えることが一番の早道なのである。人も家族も孤立から更生が生まれないことは、第９章で示すエビデンスから明らかである。

司法ソーシャルサービスと家族支援

非行は家族問題を背景に発生するが、問題行動が最初に発覚するのは学校であることが多い。そして、家族に問題を抱えた少年たちが引き起こす問題行動は非行だけではない。学校では不登校やひきこもり、いじめなどさまざまな形の問題行動が発生する。こうした問題に対応するため、最近の学校にはスクールカウンセラーやスクールソーシャルワーカーが配置されている。

この両者の違いは、スクールカウンセラーは子どもたちの心の問題に対応する専門家であり、スクールソーシャルワーカーは子どもたちが抱える環境に対応する専門家であるという点にある。家族の問題が単純にコミュニケーションなど親子間の気持ちのすれ違いによって発生している場合には、じっくり話を聞きながらその原因をさぐるスクールカウンセラーが適任であるが、家族の抱える問題が、貧困やDVや依存症など生活上の困難であれば、心の専門家であるカウンセラーにできることはあまり多くない。そして、非行少年の多くは家族に深刻な問題を抱えていることが少なくない。スクールソーシャルワーカーの仕事[12]は、子どもや

11　井上善幸「【犯罪学研究センター】矯正宗教学ユニット長インタビュー——宗教教誨活動の体系化と発信」龍谷大学犯罪学研究センター（2018年8月22日）〈https://www.ryukoku.ac.jp/nc/news/entry-2325.html〉。

12　キャリアガーデン「スクールカウンセラーとソーシャルワーカーの違い」（2021年2月8日）〈https://careergarden.jp/school-counsellor/schoolcounsellor-socialworker-chigai/〉。

保護者の話を聞いて状況を整理しながら、場合によっては経済的なことも踏まえたうえで利用できる福祉の制度などを一緒に考えることである。貧困家庭であれば生活保護を受けることを勧めたり、親に精神障害や依存症があれば専門家につないだり、ヘルパーに家事を手伝ってもらったりすることを勧めたりする。つまり、環境（縁）を整えることを手助けすることがその仕事である。そして、深刻な非行少年の家族の多くは、こうしたソーシャルワーカーが対応すべき問題を抱えているのである。

イタリアの社会内処遇

日本の保護観察官は、本来的には、社会資源をコーディネートするソーシャルワーカーとしての役割を果たすことが期待されているはずであるが、現実には法執行官またはカウンセラー的な役割に終始していることが少なくない。最近の保護観察処遇においても、ともすると認知行動療法的なプログラムが処遇の中心に置かれがちである。それはそれで重要な働きかけであるが、しかし、そうした個人に対する働きかけだけで人は更生しない。

筆者はイタリアの矯正保護制度について研究している。日本では憲法にも刑法にも刑罰の目的は書かれていないが、イタリアは共和国憲法27条において刑罰の目的を対象者の更生にあると規定している[13]。ここでいう更生とは、罪を犯した人が、一人の市民としてまっとうな社会生活を送れるようになることを意味している。だから、イタリアの社会内処遇には、法執行官としての保護観察官はいない。その代わりに、成人を含めてイタリアの社会内処遇を担っているのは国家資格を持ったソーシャルワーカーである。イタリアにおいて日本の保護観察所に当たる機関はソーシャルサービス（司法福祉事務所）であり、認知行動療法などのカウン

---

13 Art. 27: La responsabilità penale è personale. L'imputato non è considerato colpevole sino alla condanna definitiva. Le pene non possono consistere in trattamenti contrari al senso di umanità e devono tendere alla rieducazione del condannato. Non è ammessa la pena di morte.

セラー的な働きかけが必要な場合には、司法ソーシャルワーカーがコーディネーターとして外部の専門機関に委託する形で実施される。もちろん、彼らの一番の仕事は、対象者本人を通して家族を含む生活環境の調整を行うことにあり、家族の抱える貧困、依存症、病気などの生活上の困難、つまり非行の背景にある家族の生きづらさを丸ごと支援するのが特徴となっている[14]。

おわりに

元保護司で「ばっちゃん」として知られる広島の中本忠子さんの活動を描いたドキュメンタリー本が多数出版されている。最近出版された『実像』[15]の中で、非行少年に食事を提供し続けることで彼らが安心して過ごすことのできる居場所を提供し続けてきた中本さんの活動について、支援仲間から「子どもを良くしようと思ったら、親まで丸抱えするのが中本さんのすごさなんです」という言葉が出てくる。彼女のもとに来る非行少年たちの親には、薬物依存症だったり、暴力団に入っていたり、生活保護を受けていたりと、親自身が普通の生活を送ることができなくなっている人が少なくない。だから中本さんも「そりゃ親に働きかけんことには、子どもは環境の悪いところにかえっていくじゃん。親がかわってくれにゃどうにもならん」と親子一緒に面倒を見る活動を続けている。

2001年に発生したレッサーパンダ帽男殺人事件を覚えているだろうか。知的障害のある男性が、自分が馬鹿にされたと思い込み、19歳の女性の胸や腹、背中などを包丁で刺し殺害した事件である。その背景には、加害者の家族全員が病気や障害を抱え、地域社会の中で孤立していたことがわかっている[16]。

ホームレス支援の第一人者であるNPO法人抱樸の奥田知志さんは、

14 浜井浩一『罪を犯した人を排除しないイタリアの挑戦』(現代人文社、2013年)。
15 秋山千佳『実像——広島の「ばっちゃん」中本忠子の真実』(角川書店、2019年)。
16 佐藤幹夫『自閉症裁判——レッサーパンダ帽男の「罪と罰」』(朝日文庫、2008年)。

深夜に中学生に襲撃されたホームレスの男性を連れて加害生徒が通っていた中学校の校長に会いに行った際の男性の言葉を紹介している[17]。「襲撃は耐えられない。一日も早く襲撃を止めてほしい。自分の孫のような子どもたちに襲われるのはつらい」。しかし、奥田さんは被害者であるこの男性の次の一言に大きな衝撃を受けたという。「夜中の1時、2時に自転車でウロウロしている中学生は家があっても帰るところが無い子どもたちではないか。親はいるが誰からも心配されていないのではないか。帰るところの無い奴らの気持ち、誰からも心配されない奴らの気持ちは、自分（ホームレスである自分）にはわかるがなあ……」と、加害少年たちに理解を示したのである。

奥田さんはこの言葉から次のように指摘している。問題は、家があるか、家族がいるか、ということだけではない。帰るところがない、心配してくれる人がいない。その点は襲われた野宿の男性と襲った中学生には差異はない。奥田さんの言葉を借りれば、被害者であるホームレスの男性も加害者である中学生も共に「ホーム」を失っている。すなわち「関係（縁）を喪失した者たち＝ホームレス」なのだということである。

人は縁によって生かされている。そして、非行や犯罪に限らずあらゆる問題の背景には縁を失った「孤立」が存在する。家族はあらゆる人にとって最も身近な縁であり、家族を支援することで孤立を防ぐことが社会問題を解決する第一歩なのであり、これこそが今後、日本の更生保護が取り組んでいかなくてはならない課題なのではないだろうか。

17　奥田知志「第三の困窮と犯罪（課題研究：貧困と犯罪・非行）――ホームレス支援の現場から下関放火事件を考える」犯罪社会学研究35号（2010年）21～37頁。

第2部

刑罰の諸問題

第6章

刑務所と社会との関係を考える
——大井造船作業場の逃走事案から

はじめに

2018年4月8日午後6時頃、愛媛県今治市の松山刑務所大井造船作業場から一人の受刑者が逃走した。以下、朝日新聞等の報道をもとに逃走の経過を簡単におさらいしておく。

逃走後、作業場から約1.3キロ離れた場所で車が盗まれ、同日、広島県尾道市の向島インターの料金所で受刑者らしき姿が確認され、向島内の駐車場で車が発見された。その後、向島内で自転車・現金・衣類などの盗難が相次ぎ、警察は、同受刑者が島内に潜伏しているものと考え、延べ1万5千人の警察官を動員して、空き家などを中心に島内の捜索を行ったが、島内で受刑者を発見・確保することはできなかった。逃走は23日間に及び、逮捕された同受刑者の供述によると、最後に島内の防犯カメラに同受刑者らしき人物が確認された4月24日の夜、同受刑者は、向島から最短で約200メートルの距離にある本州まで泳いで渡り、空き家の民家に数日間潜伏後、尾道市内でバイクを盗み、市中心部から約24キロ西のJR安芸長浜駅まで移動し、4月29日夜から30日朝の間に電車でJR広島駅に向かったという。そして、同受刑者が広島駅前のネットカフェに入店したのが逃走から23日目の4月30日午前8時20分頃で、ネットカフェから退店する際に店長が逃走した受刑者と似ていることに気づき110番通報、約500メートル離れた地点で駆けつけた警察官が受刑者を逮捕するに至っている。逮捕後、同受刑者は、捜査関係者に対して「逃げるのがしんどかった」などと漏らし、逃走の理由については「他の受刑者から嫌がらせを受けていた」、「刑務官からいじめられていた」という趣旨の供述をした。

この逃走は23日間という長期に及んだうえに、逃走した受刑者の潜伏していた場所が瀬戸内海の島であったことから、警察による大規模な島内捜索が連日行われ、マスコミの注目を集めた。おそらく、逃走後すぐに身柄を確保されたり、逃走経路がまったく不明となり、捜索範囲を絞り込めなかった場合には、これほどまでに注目されることはなかったに違いない。いずれにせよ、この逃走劇は連日マスコミによって報道され、筆者のところにもテレビ・ラジオや新聞などの取材が相次いだ。

本章は、そうした取材の中で筆者が感じたことや、取材を通して社会に伝えたかったことを犯罪学者としてまとめたものである。筆者は法務省の元職員であり、実は、採用直後と退職直前[1]にそれぞれ勤務していた少年鑑別所と刑務所からの被収容者の逃走を経験している。法的には施設職員は逃走後48時間以内であれば被収容者を連れ戻すことができるが、2件ともこの48時間を超えた逃走であり、職員総出、徹夜で捜索にあたった本格的逃走であった。刑務官の多くはこうした逃走を一度も経験することなく定年を迎えることを考えると、19年間で2回というのはとても貴重な経験である。今回は、そうした経験も踏まえつつ、大井造船作業場という開放処遇を実施する刑務所からの逃走を通して、刑務所の果たすべき役割、さらには再犯防止や更生について考えてみたい。

大井造船作業場とは

松山刑務所大井造船作業場は、1961年、今から50年以上も前に開設された。当時はもちろん、現在でも日本では珍しい、コンクリートによる塀がなく、受刑者に一定程度自律した行動を許容するような開放的な処遇を行う刑務所、いわゆる開放刑務所である。収容定員は52人で、

1　浜井浩一「メディアリテラシーとしての犯罪学」季刊刑事弁護71号（2012年）165～170頁。

逃走当時は約20人が収容されていたとされている。この開放刑務所は、「四国の大将」「再建王」とも称された現「新来島どっく（当時來島船渠）」の社長であった故坪内寿夫が、自身の第二次世界大戦終戦後のシベリア抑留（収容）生活から、受刑者は人間らしく扱われ、働く喜びを教えられることで更生できると考え、当時の松山刑務所長・後藤信雄や法務省を説得して作り上げたものである[2]。

近時、監獄法の改正（刑事収容施設及び被収容者等の処遇に関する法律）や再犯防止の流れの中で日本の刑務所も変革期を迎えているが、今も昔もほとんど変わっていないのが刑務所の中での受刑者の生活である。刑務所は、塀によって一般社会から隔絶された生活空間である。そこでの生活は、規律と秩序が支配し、受刑者の行動は一挙手一投足に至るまで厳しく管理されている。一日の日課は細かく定められ、すべての受刑者は、与えられた制服を着用し、与えられた食事を食べ、与えられた（懲役）作業を黙々とこなさなくてはならない。起床の時間も就寝の時間も決められ、夜の10時以降に起きていることは許されない。また、刑務所内の生活は上げ膳・据え膳であり、自分で食事を作ったり、洗濯をしたりすることもない。刑務作業の手順も細かく定められ、原則、作業中の会話は許されない。もちろん、就労や居室を選ぶ自由はない。要するに、受刑者の日常は、決められた日課（ルーティーン）をひたすら繰り返す生活であり、そこに自主性や自発性はほとんど存在しない[3]。

刑務所生活のコツは、できるだけ何も考えずただ時間経過に身を任すことである。疑問を持てば、それは不満につながる。しかし、不満を解消する手段はなく、受刑者にできることは、我慢することだけである。

2　大井造船作業場については以下を参照。向川岳彦「大井造船作業——刑務所長と民間会社社長の再犯防止への熱き思いが生み出した『奇跡』」刑政125巻6号（2014年）41～46頁。

3　こうした施設のことを、社会学者のアーヴィング・ゴフマンは全制的施設と呼んでいる。全制的施設とは、類似の境遇にある個々人が、共に、相当期間にわたって社会から遮断されて、閉鎖的で形式的に管理された日常生活を送る場所であり、そこで長期間暮らすことで被収容者はその人らしさといったアイデンティティを剥奪されていく。Goffman, E. (1961). *Asylums: Essays on the Social Situation of Mental Patients and Other Inmates.* Doubleday（石黒毅訳『アサイラム——施設収容者の日常世界』誠信書房、1984年）.

だったら、何も考えないのが一番楽である。

しかし、こうした生活を長く送ると、刑務所を出たときに普通の社会生活に戻ることは困難となる。他方、社会の中では、自分で考え、人とコミュニケーションをしながら、自ら主体的に行動しなくてはならない。だからこそ大井造船作業場では、受刑者を塀のない刑務所で生活させることで、彼らの主体性や自発性を訓練し、社会復帰を促すことを目的とした運営が行われていたのである。

開放刑務所は、日本では例外的な刑務所であるため、収容される受刑者の選定基準も極めて厳しい。筆者も大井造船作業場に移送する受刑者の選定に従事したことがあるが、初犯であること、身元引受人がいること、平均以上の能力を有すること、暴力団との関係がないことなど、その他罪名や刑期などにもさまざまな制限があり、適確な対象者を選定することに苦労したことを覚えている。

大井造船作業場には、友愛寮という生活施設があり、受刑者はそこで寮生活を送っている。友愛寮は「新来島どっく」大西工場の敷地内にあり、原則として塀や鍵はない。他の刑務所と大きく異なるのは、現在は廃止されたが、逃走発生時の友愛寮では受刑者が自治会を組織して、生活上のさまざまなルールを定めたり、新入受刑者に対する指導などを行ったりするなど、受刑者による自治管理が認められていることにあった。受刑者は、日中は刑務作業の一環として工場内において他の一般職員と一緒に造船作業に従事している[4]。

筆者は、法務省在籍時に、大井造船作業所における新入訓練の様子、朝夕の点呼、食事や反省会の風景を見たことがあるが、これらすべてが受刑者によって行われ、受刑者自治会による管理が徹底されていた。新入訓練での謝罪の訓練（大声で謝罪する動作を完璧にできるまで何度でも繰り返させる）や反省会の様子は、一般刑務所にはない厳しさで行われていた。昭和の時代の、先輩後輩の序列が非常に厳しい運動

4　大井造船作業所の処遇を肯定的に紹介したものに以下の書籍がある。沢登文治『刑務所改革――社会的コストの視点から』(集英社新書、2015年)。

部の合宿寮を想像してもらえばわかりやすいかもしれない[5]。自治会には5人の役職者がいて、彼らの指示は絶対である。正直、筆者は、自分にはとても耐えられないと感じたので、対象受刑者の選定にあたっては、本人の意思確認を重視し、かなりの覚悟が必要であることを伝えていた。

NHKの取材によると、大井造船作業場からの釈放後6年目までの再入率（再び受刑者として刑務所に入所した者の割合）は10.2％であり、全国平均の42.8％を大きく下回っている。その一方で、平成以降（1989年〜）の逃走は6件7人とかなり多い[6]。そのうちの1件は、1996年2月20日に起きたもので、作業中にトイレに行くといってそのまま工場外に出て逃走し、数時間後に5キロ離れた場所で警察官に確保されている。受刑者は、「作業の指導は普通、刑務所では刑務官がするが、ここでは先輩の受刑者がし、その指導が気にくわなかった。塀のある松山刑務所に帰りたかった」と供述している[7]。

開放刑務所は全国に4カ所存在する。大井造船作業場以外には、交通事犯者を収容する市原刑務所、犯罪傾向の進んでいるB指標の受刑者を収容する網走刑務所の二見ケ岡農場（農耕や牧畜に従事）、尾道刑務支所（広島刑務所）の有井構外泊込作業場である。市原刑務所は、交通事犯者で一般的な犯罪傾向のない受刑者を収容する刑務所で、寮内での移動の自由はある程度認められているが、それ以外は他の刑務所と変わらない。一般社会とはフェンスで仕切られ、出入口も施錠されている。二見ケ岡農場は、戦前から存在していた構外作業を発展させたもので、寮の居室には鉄格子があり、出入口は施錠されている[8]。この二見

5　この点については、NHK「クローズアップ現代＋」（2018年4月19日）〈https://www.nhk.or.jp/gendai/articles/4119/〉やTBSラジオ「荻上チキのSession22」（2018年4月18日）〈https://www.tbsradio.jp/244578〉において、作業場で勤務していた元刑務官が証言している。

6　NHKラジオ「Nらじ、特集一本勝負」（2018年5月8日）。なお、法務省矯正局「開放的施設における処遇及び保安警備等に関する検討結果報告について」（2018〔平成30〕年6月15日）〈https://www.moj.go.jp/kyousei1/kyousei1〉にある「開放的施設における処遇及び保安警備等に関する検討結果報告」も参照されたい（後述）。過去の逃走事件発生状況については、同報告書6頁参照のこと。

7　毎日新聞大阪朝刊（1996年2月21日）。

8　二見ケ岡農場については以下を参照。和田拓郎「網走刑務所二見ヶ岡農場について」刑政125巻6号（2014年）34〜40頁。

ケ岡農場では肉牛が飼育され、最高級であるA5ランクの肉牛も市場に出荷されている。有井構外泊込作業場は、大井造船作業場に最も近い形態の開放刑務所であり、受刑者は日中は寮から500メートル離れた民間企業の工場に働きに行き、そこで一般職員と一緒に造船等の作業に従事している。寮の周囲にはフェンスがあり、土日など作業のない日に受刑者は刑務支所に戻って生活をすることもある[9]。有井構外泊込作業場を開設した当時、尾道刑務支所を管轄していた広島刑務所長は後藤信雄であり、大井造船作業場を開設した松山刑務所長と同一人物である。後藤は、第二次世界大戦中に受刑者を連れてテニアンなどの南洋諸島で飛行場などの建設に従事した際の経験から、受刑者を規則で縛り管理するよりも自主性を尊重したほうが、受刑者の士気が高まり作業効率も上がることを経験していた。あまり知られていないが、有井構外泊込作業場の所在地は、今回の逃走受刑者が潜伏し大規模な捜索が行われた向島である。

逃走の原因

今回の逃走の原因分析の詳細については、法務省が設置した「松山刑務所大井造船作業場からの逃走事故を契機とした開放的施設における保安警備・処遇検討委員会」が、2018年6月15日に「開放的施設における処遇及び保安警備等に関する検討結果報告」を公開しているので参照しつつ、本章では、筆者の経験も含めて開放刑務所から受刑者が逃走する一般的な原因（理由）を簡単に整理しておこう。

前述のように、開放刑務所は、社会復帰に備えて受刑者を少しでも社会に近い環境において、自主性や主体性を取り戻させるための施設である。開放刑務所に送られる受刑者は、累犯刑務所に所属する二見ケ岡農場を除いて、原則、刑務所初入者であり、暴力団関係や薬物依存

9　有井構外泊込作業場については以下を参照。西田朱樹「有井構外泊込作業場の歴史・現状について」刑政125巻6号（2014年）47〜54頁。

症がなく、知的能力が平均以上で性格的な偏りも少なく、身元引受人がいて、更生意欲の高い者に限定される。つまり、仮釈放になる見込みが高く、受刑態度がよければ早期の仮釈放が期待できる者たちである。有井構外泊込作業場の場合、仮釈放に向けた地方更生保護委員会による（仮釈放）準備面接を終了した者が対象となっている。つまり、人格的にも社会的にも逃走リスクが少なく、逃走によって失うメリットが得られるメリットをはるかに上回る者のみが開放刑務所で生活することを許される。

このように選び抜かれた者たちがリスクを冒してまで逃走する理由は、筆者が思いつく限り2つしか存在しない。1つは、刑務所内の人間関係であり、もう1つは家族に対する心配である。筆者が勤務していた刑務所では、出所する受刑者全員に刑務所で一番つらかったことを聞いていたが、その第1位は断トツで人間関係であり、次に多かったのは、家族の死や病気に対して何もできなかったことである。日本の刑務所は、面会や電話などの外部交通がかなり制限され、家族といえども自由に連絡をとることはできない。加えて、塀の有無にかかわらず、刑務所は社会から閉ざされた、しかも物理的にも精神的にも狭い空間であり、そこでの人間関係はかなり濃密なものとなる。一般社会では、ストレスを感じる人間関係に対しては、そこから距離を置くことでストレスを軽減することが可能であるが、移動の自由を奪われた刑務所では、集団室で同室となった受刑者とは、24時間365日、あらゆる日常を共有することになり、釈放される以外にそこから逃れる方法はない。そのような環境で、同室者と仲が悪くなり、しかも相手よりも立場が弱ければ地獄である。そこから逃れるために、わざと規律違反を犯して懲罰として単独室に収容されることを狙ったり、場合によっては自殺を図ったりする者もいる。新聞報道によると、今回逃走した受刑者も人間関係がつらかったということであるが、この点は前述の検討報告書においても同様の指摘がある。

日本の刑務所は、さまざまな問題が発生した場合に、それを受刑者に解決させることはなく、ひたすら我慢させる場所である。日本では、我を抑えて我慢することが美徳だとされている。そして、犯罪者は自らの欲求の赴くままに他人の権利を侵害して犯罪に走ったと考えられている。だから、刑務所では徹底的に我慢させようとする。ある意味、この我慢にこそ、罪を償わせるという日本の刑罰の本質があると筆者は考えている。ただし、強制された我慢によって人は成長しないし、忍耐力も身につかない。また、我慢するだけで、主体的に行動することができなければ社会で適応することは困難である。

さて、平成期以降（1989年～）の大井造船作業場からの逃走事案は６件７人であると記したが、実は、他の３つの開放刑務所からの逃走は、同じ期間に１件もない。今回の逃走を考えるうえでは、この点を忘れてはならない。大井造船作業場と、他の開放刑務所とどこが違うのか。筆者の経験では、開放処遇の対象となる受刑者の資質的・社会的条件はどの施設もほぼ同じである。というよりも大井造船作業場の条件が最も厳格かもしれない。

ここでは、処遇環境が最も近い大井造船作業場と有井構外泊込作業場とを比較してみよう。資格要件から見た両者の一番の違いは、開放区域での処遇期間である。有井構外泊込作業場は、仮釈放審査がある程度進み、仮釈放までの期間が１年６月未満であることが条件となるが、大井造船作業場は残刑期が１年６月以上となっている。収容期間以外で一番大きな差異は、受刑者による自治会の存在である。有井構外泊込作業場は、収容人員が少数であるため、自治会的な役割活動を行うことは難しく、週番制度を設け、役割や責任者を順番で交代し、寮内生活や作業の役割を公平に分担することで自主的な寮運営を行っているのに対して[10]、大井造船作業場は、受刑者自治会があり、先輩受刑者が役員として新入受刑者を指導する体制となっている[11]。大井造船作業場からの逃走を考えるにあたっては、この自治会の在り方が最も重要だと

10　毎日新聞・前掲注７記事参照。

11　向川・前掲注２論文および週刊新潮2136号（2018年５月17日菖蒲月増大号）「『タフガイ脱獄囚』が耐えられなかった『スパルタ獄窓記』」参照。

思われる[12]。自治会の問題点については、前述の検討報告書でも自治会による行き過ぎた指導の可能性等について少しだけ触れられている。では、自治会の何が問題で、とうすれば逃走は防げたのか。この点については、後述の逃走の防止策のところで検討してみたい。その前に、（開放）刑務所から逃走することの問題点を整理しておこう。

逃走の何が問題か

刑務所から受刑者が逃走すると、マスコミはあたかも猛獣が逃げ出したかのように、危険人物が檻から逃げ出したと報道する。しかし、受刑者は我々と同じ人間であり、法律によって一定期間自由を制限され、塀の中、つまり刑務所の中に収容されているにすぎない。

刑期が終了すれば、刑務所は受刑者を釈放しなくてはならない。そして、受刑者の半数近くは満期釈放され、毎朝各地の刑務所から多くの受刑者が、釈放されている。満期釈放される受刑者は、身元引受人がいないか、または暴力団関係者もしくは刑務所での行状が悪い者たちであり、社会に対する危険性という観点から見れば、真面目に受刑していたという今回逃走した受刑者よりも、再犯の可能性の高い者たちである[13]。事実、満期釈放者の５年以内の刑務所再入率は約５割である。しかし、彼らの存在にマスコミを含めて社会が関心を持つことはほとんどない。

つまり、受刑者の逃走を考える場合には、塀の中にいた危険な受刑者が社会にいること（その危険性）が必ずしも問題なのではなく、逃げてはいけない人が逃げたことこそが問題なのである。まずはこのことを確認しておく必要がある。

では、なぜ刑務所から逃げ出すことが問題なのか。刑務所を管理す

12　その他、大井造船作業場の場合、原則、釈放準備までの受刑生活を友愛寮で過ごすことになるが、有井構外泊込作業場の場合には、週末、慰問等のため受刑者を尾道刑務支所に移動させることがある。
13　受刑者の中には人を殺したい感情が抑えられないと訴える者もいるが、刑期が満了すれば釈放するしかない。

る矯正行政の立場から考えてみよう。一番大きな問題は、逃走によって法執行（刑罰の執行）ができなくなることである。日本は法治国家ということになっており、裁判所が言渡した刑罰を執行できなくなるということは、警察が犯人を逮捕できないことや税務署が税金を公平に徴収できないことと同様に大きな問題であり、逃走を許した刑務所の失態である。ある意味、刑務所が逃走を防止しなくてはならない法的な理由はこれがすべてである。

ただ、行政目的の観点から見れば、もう2つ指摘しておく必要がある。1つは、逃走を許すことで結果として受刑者から更生の機会を奪ってしまうことである。道義的には自業自得なのだが、刑務所は矯正施設であり、受刑者を更生に導くことが社会的に要請されている。矯正処遇官たる刑務官にとって逃げられるということは、受刑者の矯正（更生）に失敗したということであり、その責任は自覚しなくてはならない。もう1つは、再犯を誘発してしまうことである。逃走自体が再犯であると同時に、受刑者を逃走犯という追われる立場に陥らせてしまうため、逃走生活を継続するための再犯の危険性、つまり地域社会を危険にさらし、人々の安寧な生活を脅かすことになる。刑務所は治安の最後の砦といわれることもあるが、逃走され、再犯を許してしまったのでは、治安の最後の砦としての役割を果たせていないことになる。事実、今回の逃走では、自動車や現金などが盗まれており、受刑者の潜伏先であった向島の住民生活の安寧を阻害する結果となったことは誠に遺憾である。

さらに、今回の逃走受刑者の捜索には、延べ1万5千人の警察官が動員された。最初に述べたように筆者は逃走を2回経験しているが、2回目は幹部職員として事故報告書等の作成に関与したり、苦情電話を受けたりした。その際に気づいたことは、逃走は、単に地域社会に迷惑をかけるだけでなく、逃走した受刑者の捜索に多大な費用と労力がかかるということである。刑事施設から被収容者が逃走した場合に、刑務官は48時間以内であれば逃走した被収容者を確保・連れ戻すことができる。したがって、逃走事案が発生した際には、施設は警察に通報すると同時に、近隣施設に応援を依頼し、48時間昼夜を問わず独自に捜索を開始する。これには交通費などさまざまな経費がかかる。その中でも一番大きいのは超過勤務手当である。業務命令によって刑務官を捜索任務に就かせる以上、公務災害に備える意味もあり、サービス残業というわけにはいかない。筆者も、採用直後に発生した逃走の際には終電まで駅の改札に張り込み、その後は、深夜、逃走犯の自宅近くで、張り込みをした経験がある。忘れもしない12月24日のクリスマスイブであった。こうした経費は、刑事施設分だけで相当な額になる。それに加えて20日間延べ1万5千人の警察官を動員するのにいったいいくらの経費がかかるのか、想像してもらいたい。軽く1億円は超えるはずである。これらはすべて税金から賄われているのだ。

開放刑務所からの逃走をどう防ぐか

前述のように法務省は、「松山刑務所大井造船作業場からの逃走事故を契機とした開放的施設における保安警備・処遇検討委員会」での検討結果を「開放的施設における処遇及び保安警備等に関する検討結果報告」(2018年6月15日)として公表している。検討委員会では、全地球測位システム(GPS)装置を入所者に装着して監視する案が浮上しているといわれている。GPSの装着は、既に5年前から網走刑務所二見ケ岡農場で実施されるなど、広い農場での作業を行う刑務所で行われている。その他、再発防止策としては、顔認証システムの導入や刑務官の増員、カメラの増設などの案も出ているという。これらの対策は、いずれも逃走後の捕獲リスクを増大させ、逃走の意図を挫こうとするか、逃走そのものを物理的に困難にしようとするものである。

ただ、開放刑務所を設置した目的は、社会に近い環境で受刑者の自主性や自律心(責任感)を育て、更生を促すことにある。監視の強化は、こうした目的を損なう危険性がある。なにより、監視を含む物理的な手段で逃走を防止したいのであれば、塀のある刑務所が一番であり、開放刑務所はそもそも必要ないということにもなりかねない。しかし、刑期を終えれば必ず社会に戻ってくる受刑者の円滑な社会復帰を促し、更生に導くための施策である開放刑務所の試みを阻害するような対策は、できるだけ避けるべきである。

ここで発想を少し変えてみよう。そもそも仮釈放の可能性が高く、更生意欲も高い受刑者を厳選して収容している開放刑務所からの逃走防止を考えるうえで最も重要なことは、逃げることを困難にする対策ではなく、逃げる必要がなくなる（逃げる理由をなくす）対策である。前述のように、開放刑務所からの逃走の理由は、刑務所内の人間関係に耐えられなくなったか、家族に対する心配かのどちらかである。したがって、その対策としては、人間関係を円滑に構築・修復できるようなシステム作りと家族関係の調整や家族との交流の促進が欠かせない。大井造船作業場からの逃走が突出して多いのは、おそらく自治会による受刑者管理がうまく機能していないからである。ただ、だからといって自治会の機能をそのままにして刑務官による指導を強化してしまうと、指揮命令系統に歪みが発生する。自治会では暗黙のルールとして許されていたことを刑務官が規制すれば当然に不満が発生する。重要なことは、暗黙のルールを含めて目標やルールを受刑者と刑務官の両方が納得のうえで共有することであり、それらを相互に確認できる風通しの良い組織を作ることである[14]。

その具体的方法を海外の施設を例に紹介しておこう。ノルウェーの刑務所の多くは塀のない開放刑務所である[15]。筆者が2014年に訪れたベルグ（Berg）刑務所では10年間で逃走は1件のみで、開放刑務所では施設外に外出することも少なくないため、逃走というよりは、無断で外出し時間になっても戻ってこなかった家出に近い感覚で取り扱われていた。

14　50年前の社会状況の中では、大井造船作業場のような厳しい寮生活は、一般社会のさまざまな寮でも同様であり、社会的に異質なものではなかったのかもしれないが、50年以上が経ち、受刑者の気質も変化する中で、時代の変化に取り残されてしまったのかもしれない。大学体育会の体質が問題となった2018年の日大アメフット部の問題も本質的には同じかもしれない。

15　浜井浩一「社会復帰に向けたノルウェーの刑事政策」季刊刑事弁護81号（2015年）154～161頁。

筆者は、駅からタクシーを使ってベルグ刑務所に向かったが、タクシーの運転手が道を間違え、裏口から刑務所の中に入ってしまい、いったん道路に出た後で別の入口から入りやっと玄関に到着することができた。つまり、昼間はフェンスが開いているため、外部の人が何の施設かわからないまま入り込んでしまえるほどに開放的だということである。庁舎の横には羊が放牧され、遠くでトラクターが作業をしている様子は、どこかの農園に来たとしか思えない風景であった。

ベルグ刑務所は、殺人や性犯罪などの比較的重大な事件の受刑者を収容していたが、施設全体が治療共同体を目指して設計されており、生活全体が受刑者の自主性を重んじるように配慮されている。自主的な活動を促すことで責任感を芽生えさせ、自己コントロール力を強化することが目的である。受刑者処遇は原則としてチームで行われ、受刑者本人を交えて、刑務官、ソーシャルワーカー、教官などが毎月ミーティングを行い、処遇計画の作成や変更を行っている。刑務官と受刑者は名前（ファーストネーム）で呼び合うなど、お互いを尊重し合うことが求められている。個別的処遇計画は、受刑者と刑務所との契約のような意味合いを持っているため受刑者が納得することが条件となる。処遇会議は、改善指導だけでなく保安についても実施されている。チームとして処遇することで、受刑者に関する情報をみんなで共有し、何かトラブルがあっても、その場にいる全員が問題を共有し対応できるようにするためである。

受刑者は、日中施設内で職業訓練を受ける者のほか、外部に通勤する者もいる。余暇活動として、サッカー等のスポーツイベント、キャンプ、釣りなどのほかに、地域のお祭りの手伝いをしたり、地域のコンサートに参加したりするといった活動にも力を入れている。

この刑務所で一番印象的だったのは、刑務所職員が「19年間この仕事をしているが、私はこの仕事がとても好き」と言い切る姿であり、プライドを持って仕事をしていることがよく伝わってきた。職員がプライドを持って、なおかつ仕事に強い愛着を持っているがゆえに、受刑者に対して敬意を払うことができ、敬意を持って接してもらうがゆえに、受刑者も職員に対して敬意を払うことができるのである。このような施設であれば、人間関係に問題が生じても、それを解決するための仕組みが内包されているため、その問題解決自体を社会復帰に向けた訓練に代えることができるし、人間関係がつらいと逃げ出す必要はない。

また、ベルグ刑務所では、社会復帰に向けた外部宿泊、つまり自宅への帰省も許されるが、その際に刑務官が本人と一緒に自宅に行き、家族関係などを確認する。これは、子どもを持つ受刑者の場合には児童虐待の防止などの教育的な効果も期待されているが、刑務官が受刑者の社会での様子を直接知ることで、社会復帰に対してより具体的なイメージを持つことができるようになる効果がある。

そのほかにも、刑務所には面会室はなく、家族との面会は受刑者の自室で行われる。子どもにとっては、単身赴任の父親のところに遊びに来たのと何ら変わらない環境で面会が行われる。もちろん、家族との連絡に制限はない。このような施設であれば、家族が心配で逃走する必要はない。

逃走しても再犯させない対策

さて、今回の事案は、開放処遇施設とはいえ、刑務所からの逃走（脱獄）であったため大騒ぎとなった。また、逃走という破滅的行動をとったがゆえに、逃げる手段として車を盗むなどの再犯を起こしている。前述のように逃走の問題点の一つは、逃走によって再犯を誘発することにある。では、少し発想を柔軟にして、逃走されても再犯をさせない対策はないだろうか。逃走が発生しても再犯がなければ近隣地域に対する実質的なリスクはない。

冒頭に述べたように刑務所からは日々、満期受刑者が釈放されているが、彼らが刑務所近くで再犯をしたという話は聞いたことがない。これは、彼らが刑期を終えて釈放されるため、追われる立場にいないことと、刑務作業による作業報奨金を数万円所持しているため、公共交通機関を使って地元に帰ることができるためである。

そこで、開放刑務所に移送した段階で、受刑者の身分を「準（半）釈放」のようにすることで、施設からいなくなくなった場合、48時間以内であれば逃走として扱わない措置をとれば、逃げ出した受刑者も追いつめられて再犯をする必要がなくなる。刑務所から仮釈放され、更生保護施設に収容された受刑者が施設内の人間関係に嫌気が差していなくなった場合に、保護観察所は所在不明として刑の執行を停止し警察に通報するものの、大掛かりな捜索は行わない。もちろん、所在が判明した場合には、よほどの理由がない限り刑務所に戻される。開放刑務所からの逃走についてもこれに準じた扱いとするのである。

また、このように社会復帰に備えた特別な身分を用意することで、一定程度、作業報奨金を自分たちで管理させることも考えられる。社会に戻って就職しても、無計画に給料を使って生活を破綻させ、結果として再犯に至る元受刑者は少なくない。家計管理は重要な社会的スキルである。そして、ある程度のお金を持っていれば、逃げ出す際に窃盗をする必要はない。公共交通機関を使って逃げればいいのである。そもそも開放刑務所に収容されるような受刑者が、数千円程度のお金を持っていることを理由に逃げたいと思ったりはしない。失うものが多すぎる。また、こうした対策は、受刑者の自主性を尊重することにつながり、彼らの自尊感情を高め社会復帰に向けた処遇としてもプラスに働くはずであり、開放施設の本来の目的にも資する対策だといえる。

先に逃走犯捜索にかかる費用の話をしたが、逃走ではなく所在不明ということになれば、警察官の大量動員は必要なくなり、今回の逃走を例にとれば1億円以上の節約が可能である。

再犯防止といえば、今回の逃走にあたっては向島住民に対する配慮から、法務省は、島内の小中学校や幼稚園、保育園など18カ所を24時間態勢で警戒にあたらせるため、大阪や福岡、高松などの刑務官計96人を派遣した。たしかに、今回の逃走犯は、逃走の手段として逃走中に窃盗や住居侵入などの再犯をしている。常識的には、法務省の配慮もやむをえない措置のように思える。しかし、よく考えてもらいたい。もともと窃盗の罪で服役した逃走犯が、子どもを襲う理由も動機はないはずである。こうした対策を当然と考える心理には、受刑者＝犯罪者＝危険な人という社会の思い込みがある。事実、筆者に連絡をしてきたマスコミ関係者の多くは、今回の法務省の措置を当然のこととして認識していた。

刑務所の中に、特別な性犯罪者を除いて他人の子どもに危害を加えた経験のある受刑者は少ない。彼らは罪を犯した行為を除けば私たちと変わらない人間であり、犯罪者という特別な人種ではない。当然、理由もなく子どもを襲ったりはしない。実は、こうした社会の思い込みが、彼らを再犯に追い込む原因の一つでもある（本書第9章参照）。再犯防止を含めて犯罪対策の基本は、事実を正しく理解して、正しく恐れ、対策を考えることである。

おわりに

今回の逃走の被害者は誰か。もちろん、車等を盗まれた被害者、そして延べ1万5千人も動員された警察官や検問等で生活を乱された向島の住民の存在を忘れてはいけない。捜索費用を負担する私たち納税者も被害者である。しかし、今回の逃走で一番損をしたのは、逃走した本人ではないだろうか。あと1年程度辛抱すれば、仮釈放による社会復帰が可能であったはずである。自業自得とはいえ、つらく危険な逃亡生活の挙句、逃走罪とその間の再犯によって、逃走した受刑者には2018年9月28日に懲役4年の判決が言い渡されている。今回の逃走によって仮釈放の可能性は限りなくゼロとなり、追加刑で釈放までの期間が長くなったが、それだけでなく、社会に多くの迷惑をかけたことで釈放後の社会復帰そのものが困難となったはずである。刑事施設からの逃走は、社会に大きな迷惑をかけることから注目されるが、筆者が刑務官に意識してもらいたいことは、逃走を許したことで、矯正教育に失敗し、受刑者の更生を阻害した責任である。刑務官は、矯正処遇官でもある。受刑者にきちんと刑を務めさせ刑罰執行官としての責任を果たすことはもちろん、円滑な社会復帰を促すことで再犯を防止することもその責任の一つである。逃走されるということは、その両方に失敗したことを意味する。この両方の観点からの総括がなければ、本当の意味での再発防止にはつながらない。

当時、法務省では開放刑務所の受刑者に対するGPSの装着等の対策を検討していたという[16]。再犯して刑務所に戻ってくる受刑者に共通しているのは、「やっぱり社会は自分を受け入れてくれない」、「どうせ自分は犯罪者なんだ」といった自尊感情の低下である。最近の立ち直り研究からわかってきたことは、犯罪者が立ち直るためには、彼らが犯罪者としてのスティグマを克服して、まっとうな市民としてのアイデンティティを持てるようになることが必要であるということである。

開放刑務所の設置目的は、自律心や主体性を養成し、自尊感情を高めることにある。GPSを装着させられて社会に近い環境に置かれて、果たして自尊感情は高まるのか。たとえ、本人同意のうえでGPSを装着したとしても、GPS自体がスティグマを象徴するだけでなく、GPSを装着していることが、受刑者本人の中で「しょせん自分たちは受刑者。しょうがない」というあきらめにつながったり、「GPSが装着されているから逃げられない」というあきらめ（心のブレーキ）につながったりすることで逃走が防止されたとして、そこに主体性はあるのか。受刑者自身が自分を律するのにGPSに依存してしまうのではないか。GPSの装着は心理的に受刑者の心の中に塀を構築するだけで、かえって自律心を阻害するのではないだろうか。

2018年6月7日の日本経済新聞によると結局、GPS装着案は「受刑

16　2018年6月7日産経新聞朝刊によると、法務省は、①寮の窓を人が通り抜けられない幅しか開かないようにする、②寮外壁に赤外線センサーを設置、③寮周辺に赤外線センサー付きカメラを設置などの対策をまとめたとのことである。

者への信頼を前提に、普通の生活に近い処遇で社会への適応力を育成する」という開放的施設の意義と相いれないとして見送られることとなった。賢明な判断だったと思う。

筆者が社会やマスコミに求めたいことは、受刑者はいずれ社会に戻ってくるという前提で逃走を考えてもらいたいということである。今回の逃走に関するテレビ番組の中でも、塀の中でも更生は可能であり、開放刑務所などいらないと主張するコメンテーターがいた[17]。これは、反省と更生を混同した発言であり、塀の中でどんなに反省しても、塀の外の生活に適応できなければ再犯は防止できない。反省すれば立ち直り、再犯をしないのであれば、刑務所の中でひたすら反省会や道徳教育をすればいいのである。しかし、それでは立ち直れないし、再犯も防げない。

刑務所は事故がなくて当たり前で、何か問題が起こると途端に非難される。だから、今回のような逃走があり、世間から激しいバッシングを浴びると、再犯防止といわれても現場の刑務官はリスクをとることに慎重になる。余計なことをして事故が起きたら非難されるからである。『刑務所の経済学』[18]を書いた中島隆信が指摘するように、刑務所のさまざまな処遇に対して、マイナスの評価だけでなくプラスの評価が与えられる機会を作ることが必要である。そのためには、社会の理解が必要不可欠であり、社会の理解を得るためには、刑務所や受刑者についてもっと知ってもらうことが必要である。

受刑者の社会復帰や更生を考えるのであれば、主体性や自律心を養うためできるだけ社会に近い環境で処遇することが望ましい。だから、大井造船作業場のような開放刑務所が必要なのである。現在ほど逃走がマスコミの注目を集めない時代には、少年院等からの逃走中に、雨宿りをしていたらおにぎりをもらったり、ヒッチハイクをさせてもらったりと多くの人の親切に触れながら地元までたどり着く者たちがいた。逃走を

---

17 「習主席の対北朝鮮戦略　中国外相訪朝を深読み　▽塀なき刑務所の是非」BS日テレ『深層NEWS』（2018年5月4日）〈https://www.bs4.jp/shinsoun1170〉。

18 中島隆信『刑務所の経済学』（PHP研究所、2011年）。

きっかけに、他人の親切に触れることで反省の気持ちが深まることすらあったのである。

刑務所の最終目標は、刑を終えた受刑者を円滑に社会に送り出し、更生を支援することで再犯を防止することにある。そのために刑務所に何ができるのか、今回の逃走（失敗）が、刑務所処遇の在り方を考えるきっかけとなることを希望する。

第7章

刑事司法と認知症
——認知症受刑者から見える刑事司法の課題

はじめに

第1章において紹介したように、日本の犯罪は戦後一貫して減少傾向にある。警察の認知件数に至っては、2002年から減少の一途をたどり、この20年弱で3分の1にまで減少した。犯罪が3分の1に減少するというのはまさに奇跡的であるが、この事実が新聞等で大きく取り上げられることはない。マスコミも世論も（減っている）犯罪には関心がない。

殺人、窃盗、覚醒剤とあらゆる犯罪が減少しているが、唯一増加しているのが高齢犯罪者の割合である。検挙段階で見ると、2018年の一般刑法犯検挙人員のうち26.9%が60歳以上で、さらに15.2%が70歳以上となっている。2018年の新受刑者で見ると男性の場合、60歳以上の新受刑者の割合は17.6%、70歳以上では6.1%、女性の場合、60歳以上の割合は22.4%、70歳以上でも11.0%となっている。いずれも少しずつ増加している。そして、2018年の65歳以上の新受刑者の罪名を見ると、男性の51.5%、女性の89.2%が窃盗であり、その多くは万引きである。

70歳以上の高齢新受刑者は、1998年の182人から2018年には1,001人にまで増加している（2019年には1,056人）。その結果、日本の刑務所には認知症傾向のある受刑者が多数収容されている。法務総合研究所の調べによると、2012年末現在における受刑者総数56,039人のうち、脳血管性認知症、アルツハイマー型認知症等の認知症または認知症の疑いと診断された者は、125人（男112人、女13人）であった[1]。ただし、これらは正式な診断を受けた人数である。軽度の認知症は刑務所では気づかれにくく、たとえ認知症が疑われても医師の診断や治療の対象となっていない者は含まれていない。

そこで、法務省は2014年末の時点で60歳以上だった受刑者9,736人から無作為に451人を抽出して、2015年に検査が可能だった429人に認知症の心理検査（改訂長谷川式簡易知能評価スケール〔HDS-R〕）を実施した。その結果、60歳以上の59人（13.8%）に認知症の傾向が認められ（男性15%、女性10%）、65歳以上では51人（16.7%）にその傾向が認められた。この割合から計算すると、日本の刑務所には60歳以上だけでも上記の認知症と正式に診断された125人の10倍の1,300人の認知症受刑者がいることになる（法務省矯正局、2016年）[2]。厚生労働省の発表によると、日本の認知症患者数は2012年時点で約462万人、65歳以上の高齢者の約7人に1人（14.3%）と推計されている。つまり、刑務所における認知症傾向のある高齢者の割合は一般社会よりも多いということになる。

他の先進国においても人口の高齢化に伴い高齢犯罪者がわずかに増加しているが、日本ほど急増している国はない。とくに、高齢検挙者や高齢有罪人員の増加がそのまま受刑者人員の増加に直結しているのは日本だけである。イタリアなど大陸系のヨーロッパ諸国には、刑の執行を監督する裁判所があり、刑罰を執行することの意味や人権上の配慮から原則70歳以上の者は、たとえ実刑判決を受けても代替刑に刑の執行形態が変更されるなど刑務所への収容を回避する仕組みが存在する。日本でも刑事訴訟法482条は検察官の指揮によって70歳以上の者の刑の執行を停止できることを規定しているが、年齢のみを理由とした適用例はない。たとえば、『平成20年版犯罪白書』によると、ドイツの高齢者人口10万人あたりの高齢検挙人員や高齢有罪人員は日本の数倍であ

1　法務総合研究所『知的障害を有する犯罪者の実態と処遇』法務総合研究所研究部報告52（2012年）〈https://www.moj.go.jp/housouken/housouken03_00072.html〉。

2　法務省矯正局「認知症傾向のある受刑者の概数調査（報告）」（2016年）〈http://www.moj.go.jp/content/001170402.pdf〉。

るが、高齢者人口10万人あたりの受刑者人員で比較すると日本の数分の1に減少する。ましてや、認知症傾向のある高齢者を、万引き等の財産犯でこれほど刑務所に収容している国はほかにはない。本章では、認知症受刑者の存在を通して日本の刑事司法の課題を考えてみたい。

認知症とは

日本神経学会によると、認知症とは一度正常に達した認知機能が後天的な脳の障害によって持続的に低下し、日常生活や社会生活に支障をきたすようになった状態をいう。WHOのICD-10（国際疾病分類第10版）では、①記憶力の低下（新しい事柄に関する記憶力の減退）、②認知能力の低下（判断と思考や情報処理能力全般の減退）、加えて①と②により、日常生活動作や遂行能力に支障をきたす状態が6カ月以上存在し、意識混濁やせん妄がなく、情緒易変性、易刺激性、無感情、社会的行動の粗雑化のいずれかが認められるときに認知症として診断できるとしている[3]。日常生活に支障をきたすような認知機能の低下は、脳腫瘍、脳内感染症、ビタミン欠乏症などによっても起こりうる。そして、これらも治療可能な認知症として認知症の中に分類されることもあるが、一般的に認知症は、後天的な脳の障害による持続的な認知機能の低下、つまり（現時点では）進行性で不可逆的な認知機能の低下を症状とするアルツハイマー型認知症等を指すことが多い。

本章における認知症とは、①アルツハイマー型認知症（認知症の中でも多く、脳にアミロイドβなどの特殊なたんぱく質がたまり神経細胞が壊れてしまう認知症）を中心に、②脳血管型認知症（脳の血管が詰まったり出血したりして、神経細胞が壊れてしまう認知症）、③レビー小体型認知症（特殊なたんぱく質であるレビー小体が脳の大脳皮質や脳幹にたまって神経細胞が壊れていき、幻視などが起こりやすい認知症）、④前

3　日本神経学会「認知症疾患治療ガイドライン2017」〈https://www.neurology-jp.org/guidelinem/nintisyo_2017.html〉。

頭側頭型認知症（ピック病ともいい、前頭葉が萎縮し、感情や理性のコントロールが失われる認知症）といった持続的に進行する認知症を指す。

さて、刑事司法においてクライアント（被疑者・被告人・受刑者）の認知機能の低下は、刑法の責任主義、つまり行為者に対する責任非難ができない場合には刑罰を科すべきではないとする原則との関係で問題となることが多い。認知機能が低下して見当識を失い、自分が何をしたのかを理解できない、すなわち善悪を弁別し、またはその弁別に従って行動する能力を欠く心神喪失の状態に陥った者の行為は、罰しないというのが刑法の原則である。しかし、認知症の場合には、認知機能の低下が、刑事手続が進行していく時間経過とともにますます進行していくという特徴があり、刑事司法に新たな課題を投げかけている。

これまでの刑事司法において責任能力が問題となるのは、犯罪行為時に心神喪失の状態にあったかどうかという観点がほとんどであった。そして、心神喪失が認められるケースの多くは、幻覚や妄想に支配された統合失調症に限られていた。しかし、認知症の場合は、たとえ犯罪行為時には心神喪失状態になかったとしても、逮捕、起訴、公判、受刑という手続の中で症状が悪化し、心神喪失状態に陥る可能性がある。とくに勾留されると、拘禁反応も加わり認知症の症状は悪化し、被告人の出廷そのものが困難になるケースも現れ始めている。

大阪地裁堺支部のケースに、82歳の女性が2011年9月にスーパーでプリンなど数点、翌10月にコンビニでおにぎりを万引きしたとして、同年12月に簡易裁判所に略式起訴され、罰金20万円の略式命令を受けたというものがあった。この女性は以前に認知症で病院に入院していたことから、訴訟能力がないとして弁護側は正式裁判を請求し、大阪地裁堺支部は「認知症により判断能力が低下している」として2012年11月に公判停止を決定したが、その後、認知症が進行し、ついに大阪地検堺支部が2013年12月5日、起訴（公訴）を取り消すに至っている[4]。大阪地

4　朝日新聞朝刊（2013年12月30日）による。

検堺支部では、別の万引き事件でも男性１人を認知症が進行したために公訴を取り消している。

認知症と責任能力

まず、この責任能力の観点から認知症を考えてみよう。ただし、本章では、認知症が時間経過とともに進行し、持続的に認知能力が低下するという特徴に焦点を当てて現在の刑事司法の問題点をえぐり出すという趣旨から、単なる犯罪行為時の責任能力だけでなく、訴訟能力や受刑能力についても検討してみたい。

1　犯行時の責任能力

刑法39条１項「心神喪失者の行為は、罰しない」の規定は、犯罪行為時の責任能力を問題とする。ブリタニカ国際大百科事典によると、心神喪失とは「精神の障害により、是非善悪を弁別し、またはその弁別に従って行動する能力を欠く状態。刑法39条１項により、責任無能力者として処罰されない」と定義されている[5]。心神喪失が認められるのは、統合失調症のように幻覚・妄想に支配された状態で犯行に及んでいるケースがほとんどである。それ以外の人格障害や発達障害などに関しては、重大事件の場合、責任能力を否定するというよりは、障害があるがゆえに危険な存在と判断され、量刑を重くする要因として扱われることも少なくない[6]。認知症については、善悪を判断する能力またはこの善悪の判

5　責任能力の判断については、1978年９月13日に最高裁が、刑法39条にいう心神喪失または心神耗弱に該当するかどうかは法律判断であって、もっぱら裁判所に委ねられるべき問題であり、心神喪失または心神耗弱に該当するかどうかの法律判断の前提となる生物学的、心理学的要素についての評価は、究極的には裁判所に委ねられるべき問題であるとしている（裁判集刑232号95頁）。ただし、最高裁は、2008年４月25日に、責任能力判断の前提となる生物学的要素である精神障害の有無および程度ならびにこれが心理学的要素に与えた影響の有無および程度について、専門家たる精神医学者の意見が鑑定等として証拠となっている場合には、これを採用しえない合理的な事情が認められるのでない限り、裁判所は、その意見を十分に尊重して認定すべきであるともしている（刑集62巻５号1559頁）。

6　村井敏邦「まとめに代えて——何が明らかになったか」浜井浩一＝村井敏邦編『発達障害と司法』（現代人文社、2010年）。

断に基づき自己の行動を抑制する能力が著しく劣っている心神耗弱までは認めても、責任能力が完全に否定される心神喪失が認められることはほとんどなかった。ただ最近は、ピック病などの前頭側頭型認知症（前頭葉が萎縮し、感情や理性のコントロールが失われる認知症）の場合、善悪の認識ができない状態になることが知られるようになってからは、心神喪失を認める裁判例も現れ始めた。たとえば、2017年3月22日大阪地裁で、窃盗事件の執行猶予期間中に商店で万引きをした71歳の男性に対し心神喪失状態により無罪との判決が出ている。この裁判では、裁判官の指揮で精神鑑定が行われ、被告人は前頭側頭型認知症と診断された。判決は、被告人が店主の目の前で万引きをするという不自然な行動をとったことから、「認知症の影響を考慮しないと説明できない」として無罪とした[7]。毎日新聞の調査でも、被告人が事件当時に認知症だったことを理由に無罪や刑を軽くした判決が、過去10年間で少なくとも29件あると報告している[8]。前頭側頭型認知症の場合には、疾病によって脳が萎縮し、その結果、理性的な判断能力や自己統制力を失いまたは罪の意識（道徳的感情）を感じなくなることで犯罪行為に及ぶため、その程度によっては当然に責任能力が問題となる。

認知症において心神喪失が認められやすいのは、それが疾病であり、もともと正常だった認知機能が脳が萎縮する疾病によって低下し異常行動に陥ったと考えられ、脳という目に見えるものの変化を含めて、病気によって悪化したということが、法律家にとって論理的に受け入れやすいためである。知的障害のように認知機能がもともと健常者よりも低いような場合には、裁判官は、善悪の判断もそれに従って行動する制御能力も一定程度には備わっているとして、責任能力を認める傾向が強い。

2　訴訟能力

刑事訴訟法314条1項は、「被告人が心神喪失の状態に在るときは、

7　読売新聞大阪版朝刊（2017年3月23日）による。
8　毎日新聞大阪版朝刊（2018年1月3日）による。

検察官及び弁護人の意見を聴き、決定で、その状態の続いている間公判手続を停止しなければならない。但し、無罪、免訴、刑の免除又は公訴棄却の裁判をすべきことが明らかな場合には、被告人の出頭を待たないで、直ちにその裁判をすることができる」と規定している。ここでいう心神喪失とは、刑法39条のそれとはやや異なり、被告人としての重要な利害を弁別し、それに従って相当な防御をすることのできる能力、すなわち訴訟能力を欠く状態であると解釈されている[9]。先に、認知症で公判が停止され、その後検察官が公訴を取り消した大阪地検堺支部の例を紹介した。大阪地検では2017年10月30日にも、2015年に知的障害のある長男に対する殺人罪で起訴した83歳の母親について、認知症が進み訴訟能力がなく回復の可能性もたたないとして公訴を取り消す判断をしている。

公判停止後に裁判を打ち切るもう一つのやり方として、裁判所が公訴を棄却するという方法がある。2014年3月20日名古屋地裁岡崎支部は、殺人罪などで起訴された、精神疾患（非可逆的な慢性化した統合失調症の症状に、その後の脳萎縮による認知機能の障害が重なったケース）のため公判手続停止となっていた71歳男性について、被告人に訴訟能力はなく、その回復の見込みが認められないことは明らかであるとして、公訴棄却の判決を言い渡し、2016年12月19日、最高裁で確定している。この事案において検察官は、一審判決を不服として控訴しており、検察官による公訴の取消しがなかった事案に対して裁判所が公訴棄却を言い渡し、裁判を終局させたケースである。ちなみにこの被告人は17年間公訴停止の状態で放置され、被告人という立場に留め置かれ、裁判所から何度も公訴の取消しを促されていたにもかかわらず検察官がそれを拒否していた。この判例までは、被告人に訴訟能力の回復の見込みがないのに検察官が公訴を取り消さない場合、裁判所がいか

9　1995年2月28日、最高裁判決で、耳が聞こえず言葉も話せないことなどから被告人の訴訟能力に疑いがある場合には公判手続を停止すべきものとした判決理由の中で、刑訴法314条1項にいう「心神喪失の状態」とは、訴訟能力、すなわち、被告人としての重要な利害を弁別し、それに従って相当な防御をすることのできる能力を欠く状態をいうと解するのが相当であるとした（刑集49巻2号481頁）。

なる措置を講ずべきかについては規定がない。そのため、訴追の権限を独占的に有している検察官が公訴を取り消さない場合には、裁判所が訴訟手続を一方的に打ち切ることは基本的には認められていないと考えられていた。だが、この最高裁判決によって、裁判所は、検察官が公訴を取り消すかどうかに関わりなく訴訟手続を打ち切る裁判をすることができるものと解されようになった。2017年3月14日札幌高裁は、窃盗(食料品などの万引き)で起訴されたものの、認知症のため公判継続が困難となり3年以上にわたって公判停止となっていた65歳の男性に対して、控訴を棄却する判決を言い渡している。このケースは、被告人自身が控訴していたため、本人の同意なしに控訴を取り下げて裁判を終わらせることが困難となっていた。

3　受刑能力

心神喪失にはもう一つ、刑事訴訟法480条「懲役、禁錮又は拘留の言渡を受けた者が心神喪失の状態に在るときは、刑の言渡をした裁判所に対応する検察庁の検察官又は刑の言渡を受けた者の現在地を管轄する地方検察庁の検察官の指揮によって、その状態が回復するまで執行を停止する」という規定がある。ちなみに、その一つ前の479条1項には「死刑の言渡を受けた者が心神喪失の状態に在るときは、法務大臣の命令によって執行を停止する」とも規定されている。一般的には、死刑の執行や自由刑の執行は個人の人格に対する責任非難を前提としている。心神喪失状態では責任非難を理解できず、刑罰がまったくの無意味になると考えられているが、残念ながら、この480条の心神喪失の解釈については判例がない。その理由は、日本の刑事司法制度の中にこの条文を生かすシステムが存在しないからである。日本の法曹は、判決の確定後には関心がなく、弁護人たる弁護士の7割が自分たちの仕事は刑(判決)の確定までだと考えている[10]。だから、受刑者の心神喪失を問題

10　我藤諭＝浜井浩一「被疑者・被告人となった高齢者・障がい者への弁護活動と弁護士の意識調査」龍谷大学矯正・保護総合センター研究年報3号(2013年)88〜115頁。

にしたケースがなく、この条文は事実上死文化されている。

唯一、死刑囚に関しては、2011年1月27日に日本弁護士連合会が、現在は再審開始が決定され釈放されている袴田巖氏[11]について、人権救済申立事件として、法務大臣に対して刑事訴訟法479条による死刑執行の停止を勧告している。このケースも、再審請求が行われ刑事訴訟法440条によって弁護人が選任されたから、勧告が行われたのである。刑事訴訟法学者の福島至[12]は、弁護士の刑の執行後に対する無関心さと同時に、現行法上弁護人の援助を受ける権利との関係からみると、刑事訴訟法30条1項「被告人又は被疑者は、何時でも弁護人を選任することができる」の反対解釈として、被疑者でも被告人でもない受刑者には弁護人選任権は保障されていない趣旨に解釈されていることを問題点として挙げ、こうしたシステム上の不備が刑事訴訟法480条を含む第7編「裁判の執行」を機能不全にしていると指摘している。

TKCの判例総合検索の法条検索機能を使って、刑法39条、刑事訴訟法314条および480条について検索してみると（2020年12月3日現在）、そのヒット件数は、刑法39条が480、刑事訴訟法314条が34、そして刑事訴訟法480条・479条が0であった。ここにも法曹の刑罰の執行に対する無関心が表れている。

認知症と矯正処遇

たとえ認知症の診断を受けていたとしても、裁判において犯罪行為時に心神喪失の状態になく責任能力があり、なおかつ訴訟能力もあると判断された認知症の被告人の場合、本件が軽微な万引きであっても常習累犯窃盗で有罪となれば、自動的に懲役刑となる。そして、刑務所での受刑中にも認知症は進行する。刑務所を出所する受刑者の中で、い

11　2014年に静岡地裁が再審開始が決定されたものの、2018年に東京高裁が再審開始を認めない決定をし、その後、2020年に最高裁がこの東京高裁の決定を取り消して審理を差し戻した状態で釈放中。
12　福島至「刑の執行手続の適正化（有罪確定後刑事弁護への試論）」自由と正義49巻7号（1998年）。

わゆる精神保健福祉法によって都道府県知事等に対して通報された者は2019年に3,571人いて、そのうち61人が措置入院となっているが、刑事訴訟法480条が適用されたケースは筆者の調べた限り、ない[13]。

本章の「はじめに」で記したように法務省の調査結果から推計すると、60歳以上の受刑者の中に1,300人もの認知症者がいる。しかも、彼らのほとんどは懲役受刑者であり、刑務所の中で刑罰としての懲役作業に従事している。懲役に定年はない。2019年末現在、約3,500人の70歳を超えた高齢受刑者が刑務作業に従事させられている。また、認知症は現時点で治療法のない疾病であり、治療可能性のないものについては原則医療刑務所に送致しないので、そのほとんどは一般刑務所で受刑している。ここでは、懲役刑が認知症者に対してどのような影響を与えるのかを検討したい。しかし、その前に、認知症者に対して、その生活を支援するためにどのようなケアが必要であるかを確認しておこう。

1　認知症ケアの基本

日本神経学会の「認知症疾患治療ガイドライン2017」によると、認知症ケアの基本は、本人中心でその人らしさを維持することが大切であり、いつでもどこでもその人らしく暮らせるように支援し、本人の言動を本人の立場で考えてみることが重要であると記されている。

認知症の症状には、「脳の細胞が壊れる」ことで起こる中核症状（記憶障害など認知機能の低下によって今までできていたことができなくなる）と、周辺症状（BPSD）と呼ばれる行動・心理症状が存在する。周辺症状とは、中核症状が原因で失敗することによる不安や焦り・怒りに起因する症状である。周辺症状は、徘徊・妄想・暴言などといった形で現れることもあり、認知症者の起こす犯罪行動を含む問題行動と密接に関わっている。そして、周辺症状には必ず本人なりの理由があり、その理

13　なお、刑事訴訟法482条（自由刑の裁量的執行停止）については、2015年に29人（矯正統計年報）が、刑の執行によって著しく健康を害する、または生命を保つことのできないおそれがあるとして執行停止となっている。

由を理解し適切な対応をとることが症状緩和において重要となり、逆に理解されないことで周辺症状がより悪化するとされる[14]。

つまり、認知症ケアにおいては、周辺症状を周囲の立場から「問題行動」として捉えるのではなく、その人らしさの表現と理解し、その人の訴えたいことを理解し、その人の立場で対応することがその軽減にもつながるのである。刑事司法手続は、健常者の立場や常識といった規範的立場を一方的に押しつけるものであり、認知症者に対しては一番やってはいけないことをやっていることになる[15]。

介護福祉士の末永都生夫[16]は、認知症ケアとして次の10原則を挙げている。

①　主体性の尊重、自己決定の尊重
②　今までの生活を継続できるようにする
③　自由と安全の保障
④　権利侵害の排除
⑤　社会的交流とプライバシーの尊重
⑥　個別的対応
⑦　環境の急激な変化を避ける
⑧　生きる意慾、希望の再発見を可能にする自立支援
⑨　人間の尊厳の保持
⑩　身体的に良好な状態を維持し、合併症を防ぐ

2　刑務所における認知症受刑者の処遇

さて、認知症ケアの基本原則を刑務所処遇に当てはめると、どうなるのであろうか。日本の刑務所処遇の中心はなんといっても懲役刑の執行である。つまり、受刑者は決められた刑務作業に従事しなくてはならな

14　認知症ねっと〈https://info.ninchisho.net/symptom/s10〉。

15　認知症者に対する障害者差別解消法が求める合理的配慮については、以下を参照されたい。古川隆司「認知症者による『不可抗力』の事件と障害者差別解消法の合理的配慮」龍谷大学矯正・保護総合センター研究年報６号（2016年）72〜82頁。

16　末永都生夫「認知症ケアの10原則」〈http://shogaikaigo.jp/blog-entry-524.html〉。

い。また、日本の刑務所は、少ない刑務官で多くの受刑者をコントロールする集団管理処遇が基本であり、日常生活は細かくルーティーン化され、受刑者は規則と指示に従い周囲に合わせて行動することが求められている。

上記の10の原則から刑務所処遇を考えてみよう。刑務所処遇においては、①内心の自由を除いて主体性は尊重されない。②社会とはまったく異なる特殊な環境に置かれ、③安全は保障されるが自由はなく、④衣食住において権利は制限される。⑤社会とのつながりは制限され、プライバシーはなく、⑥個別的な対応は困難であり、⑦拘禁そのものが急激な環境の変化であり、⑧刑罰の場であることから、生きる意欲を喚起することも、希望を持つことも困難で、⑨懲役（囚）と呼ばれ、人間としての尊厳を保持することも困難である。唯一、最後の⑩身体的な健康を保つことは一定程度保障される。すなわち、現在の刑務所は、認知症を悪化させる条件がほとんどすべて整った環境にある。

ただ一点注意すべきは、軽度の知的障害者や発達障害者の場合と同様に、初期の認知症者の場合、前述のような日常行動が高度にルーティーン化された環境（行動に構造化された環境）に置かれたら、一般社会よりも認知症の症状が見えにくくなってしまい、発見（診断）が遅れる危険性があることである。

社会学者のアーヴィング・ゴフマンは、類似の境遇にある人々が相当期間にわたって社会から遮断されて、閉鎖的で行動様式が形式的に管理された日常生活を送るような施設のことを「全制的施設」と呼び、そこで長期間暮らすことで被収容者はその人らしさといったアイデンティティが剥奪されていくとした[17]。日本の刑務所は全制的施設の条件をすべて備えている。そして、前述のように認知症ケアの基本は、その人らしさを尊重することであり、その意味で、現在の刑務所に認知症者を収容することは、受刑者の社会復帰・更生という観点だけでなく、刑罰の意味を

---

17 Goffman, E. (1961). *Asylums: Essays on the Social Situation of Mental Patients and Other Inmates.* Doubleday（石黒毅訳『アサイラム——施設収容者の日常世界』〔誠信書房、1984年〕）.

理解させるという意味においてもマイナスの効果しか持っていない。ましてや、刑務所のような環境において、(当たり前のことを当たり前にできなくなった) 認知症者に対して懲役という名の労働を強制することは、実質的には、健常者以上の苦痛を与えることになり、取り返しのつかない (不可逆的な) ダメージを与える危険性が極めて高く、人権上も刑罰の公平性上も大きな問題をはらんでいる。

また、諸外国と比較して刑務官1人あたりの受刑者数の多い日本の刑務所では、集団処遇が原則である。ただし、心身の状態から個別的な配慮・対応が必要な受刑者については、刑務所の規律や秩序を害すおそれがあるとして昼夜間独居 (刑事収容施設法76条)、つまり、入浴・運動・面会等を除いて単独室で処遇することもありうる。認知症が進んだ受刑者の場合、刑務所内の工場などでの集団生活が困難となり、昼夜間独居処遇に移行せざるをえなくなることが想定されるが、その場合、拘禁反応も重なり認知症が急速に進行する危険性がある。筆者が刑務所に勤務していたときに、昼夜間独居処遇となった認知症受刑者と面接をしたことがある。彼らの中には、尿意を伝えることも、トイレの位置を認識することもできずに、面接室で突然排尿しようとした者もいる。

また、その当時、刑務所内で最も処遇困難受刑者とされていたのは、脳血管性認知症と診断された高齢受刑者であった。彼は、自分が刑務所で受刑しているという認識もなく、突然軍歌を高らかに歌いだし職員の指示に従わなくなるため、保護房を出たり入ったりしていた。こうした受刑者の存在は、刑事訴訟法480条がまったく機能していないことを如実に示している。

3 認知症受刑者の釈放時保護と成年後見

認知症受刑者の場合、症状の軽い者を除くと、刑務所内で不適応を起こしたり引受人も見つかりにくいことから、仮釈放にならず満期釈放になる者が多い。

2009年から厚生労働省が、高齢または障害により福祉的な支援を必要とする矯正施設退所者の社会復帰を支援するために、全国の都道府県に地域生活定着支援センターを整備し、福祉サービスにつなげるための準備を保護観察所と協働して進めている。とくに引受人のいない受刑者の帰住支援に関しては、特別調整という制度が作られ、釈放された後に健全な生活態度を保持し自立した生活を営むことができるように、公共の衛生福祉に関する機関その他の機関による福祉サービス等の支援が行われるようになった。ただし、この支援を受けるためには、受刑者本人が特別調整の対象者となることを希望していることが条件となる。認知症が進んだ受刑者の場合には、制度が理解できず意思表示ができない者も少なくなく、特別調整の対象とならない場合もある。この場合には、2004年から非常勤で刑務所に採用され、2014年度からは一部施設で常勤の福祉専門官として採用されるようになったソーシャルワーカーが個別に対応することになる。

現在の社会福祉制度は、サービス提供者と利用者との契約が基本であり、利用者本人の意思決定が重要となる。認知症者についてもできる限り本人の意思決定を尊重するが、これが困難な場合には、契約等の法律行為において認知症等により判断能力の不十分な人を保護するために作られた成年後見制度を利用する必要がある。この制度を利用するためには、認知症受刑者が出所するまでに成年後見人の選任が必要であり、相当の時間と手間がかかる。認知症受刑者の多くは、身寄りがなく、経済的に困窮している場合が多い。成年後見の申立ては、配偶者や親族が原則だが、市町村長も申立てをすることが可能であり[18]、認知症受刑者の場合もこれを利用することになる。問題は、認知症者が生活保護を受給して生活する場合の成年後見の申請費用、選任された成年後見人に対する報酬などである。厚生労働省は、成年後見制度利用支援事業を制度設計し、市町村に事業の設置と費用負担の支援を促し

18 民法7条に規定されているとおり、成年後見は親族や市町村長だけでなく検察官も申請することができる。

ており、2020年度段階で支援制度の普及率は約95%となっている[19]。

このように成年後見制度は利用しやすいものへと少しずつ改革されているものの、その手続には時間や費用を含めて多大な労力がかかるうえに、刑務所と市町村との連携不足など刑務所自体の閉鎖性によって、認知症受刑者に対する成年後見制度の利用は進んでいない。司法制度が認知症受刑者の大量拘禁という事態を想定していなかったため、現在のところ、受刑中に成年後見人が選任されるケースは極めて少なく、一部のソーシャルワーカーの個人的な熱意に頼っているのが現状である。

ここで、受刑中に成年後見の申立てができた事例を一つ紹介しておこう。寝たきりで知的障害の疑いもある60代の男性受刑者のケースである。この男性は、2009年に発症した脳梗塞によって右半身が麻痺し、言葉も思うように出なくなって医療施設を転々としていたが、2011年4月、タクシーに無賃乗車して詐欺罪で検挙・起訴され、いったんは執行猶予付き判決を受けた。だが、そのわずか10日後に無施錠の車から現金を盗んで検挙され、同年7月に実刑判決を受け、名古屋刑務所に服役していた。この受刑者は、独身で両親とは死別、所持金もほとんどなく、出所後の生活のめどがまったく立っていなかった。このため、名古屋刑務所が愛知県地域生活定着支援センターに相談し、その働きかけでNPO法人名古屋成年後見センターが成年後見人となり、有料老人ホームへの入所手続などを行い、生活保護費を管理して入居料を納めるなど、男性の生活を支援している[20]。

そもそも60歳を超え、知的障害に加えて脳梗塞によって半身が麻痺し、言葉も不自由な人が無賃乗車で執行猶予になった後放置され、その直後の車上ねらいで実刑となり、累犯（B指標）刑務所に収容されていること自体に日本の司法が抱える闇が見える。この男性の場合、刑務所内で寝たきり状態となり、そのまま釈放することが物理的に困難であっ

---

19 厚生労働省「成年後見制度利用促進ニュースレター24号」（2020年）7頁〈https://www.mhlw.go.jp/content/000645187.pdf〉。
20 毎日新聞中部版朝刊（2013年2月20日）による。

たことから、困った刑務所が地域生活定着支援センターに相談して成年後見に結びつけることのできた稀有な例である。通常は、受け皿が見つからなかった場合でも、自立歩行が可能な場合、現在の制度では満期がくればそのまま釈放するしかないのが現状である。

諸外国での状況

諸外国の刑務所における認知症受刑者についても、少しだけ見ておこう。北欧のように刑罰そのものが最終的に社会的包摂を目指したものであり、なおかつ福祉が充実している国では高齢犯罪者増加の背景要因でもある生活困窮や社会的孤立に対するケアが行き届いているため、高齢犯罪者の増加といった問題自体が存在せず、当然、刑務所の中にいる高齢受刑者も極めて少数であり、認知症受刑者という問題は存在しない。ノルウェーでは、警察官になるために3年制の警察大学校を卒業する必要があり、そこでソーシャルワーカーとしての訓練も受けるなど、刑事司法の中に福祉マインドが定着しているため、認知症に限らず被疑者・被告人が抱える障害に気づきやすく、気づいた段階で医療や福祉につなげることになるため、日本のように万引きを繰り返す認知症の高齢者が実刑になることはない。また、イタリアのように憲法において刑罰の目的を更生と規定し、それを監督する裁判所が存在する国においては、70歳を超えた者を刑務所に収容することを原則回避する仕組みが存在するため、受刑者の高齢化やそれに付随する認知症受刑者の存在はそれほど深刻な問題とはなっていない[21]。

ただし、日本ほどではないが、欧米先進国の中にも受刑者の高齢化や認知症の存在が問題になりつつある国がある。それは、犯罪者に対して厳罰と社会からの排除を指向する英米圏である[22]。イギリスでは日本同

---

21 イタリアの矯正処分監督裁判所については、拙著を参照されたい。浜井浩一『罪を犯した人を排除しないイタリアの挑戦』(現代人文社、2013年)。

22 北欧と英語圏の刑事政策の対比については、以下を参照されたい。ジョン・プラット「刑罰のコントラスト」浜井浩一責任編集『シリーズ刑事司法を考える(6) 犯罪をどう防ぐか』(岩波書店、2017年)。

様に60歳以上の刑事施設被収容者が増加傾向にあり、2016年の段階で約6％程度に達している（同時期の日本の受刑者は約18％）。アメリカやオーストラリアなどでも、高齢受刑者の増加が他の年齢層よりも顕著に認められる。また、これらの国々での高齢受刑者の増加はゆるやかである半面、日本よりも早い時期に始まっており、イギリスでは2000年前後から刑務所における認知症受刑者の存在に注目した論文が認められる[23]。

ここでは、イギリスとオーストラリアの認知症受刑者に関する報告書を紹介しておこう。一つは、アダム・モールが2013年にイギリスの民間団体Mental Health Foundationから出版した「Losing track of time: Dementia and the Aging Prison population: treatment challenges and examples of good practice（時間を見失った人々——認知症と受刑者の高齢化——処遇上の課題と取組み）」[24]である。モールは、2000年以降顕著になってきた英米圏における高齢受刑者の増加に関する論文をレビューし、そこに認知症の問題が隠されていることを確認している。これは英米圏の研究に共通する指摘であるが、初期の認知症を中心に刑務所の中では認知症そのものが拘禁反応やその他の精神疾患にまぎれてしまい、認知症だと気づかれることが少なく、暗数が非常に多いということである。モールの報告書でも、アメリカの研究[25]を引用しながらアメリカには4万人の認知症者が刑事施設の中にいると記しているが、いずれの研究も表面に現れた数字は氷山の一角であり、正確な認知症受刑者の数は不明としている。そのうえでモールは、イギリスだけでなくアメリカや日本の刑務所にも協力を依頼し、質問紙に

23　たとえば次の論文は、2002年に出版されたものであるが、2つの認知症受刑者の事例を紹介しながら、彼らを刑務所に収容すること、拘禁という刑罰を科すことの意味について、法哲学や人権の観点から批判的に検討している。Fazel, S., McMillan, J., & O'Donnell, I. (2002). Dementia in prison: ethical and legal implications, Journal of Medical Ethic 28, 156-159.

24　Moll, A. (2013). Losing track of time: dementia and the ageing prison population: treatment challenges and examples of good practice. Mental Health Foundation〈https://www.mentalhealth.org.uk/sites/default/files/losing-track-of-time-2013.pdf〉。

25　Wilson, J. & Barboza, S. (2010). The looming challenge of dementia in prisons, *Correct Care, 24(2), 10-13.*

よる調査を実施している。日本からは高齢受刑者の処遇区を持っている広島刑務所の尾道刑務支所が調査に協力している。調査項目は、認知症の診断方法（スクリーニング）、医療等の専門スタッフ、外部の医療機関との協力、受刑者の生活環境、認知症受刑者へのプログラム、受刑者同士の相互支援や職員研修など多岐にわたっている。この調査の目的の一つは、優れた取組みを共有することにあり、さまざまな取組みが紹介されている。そのまとめとしてこの報告書では、認知症受刑者の処遇にあたって次の5つの取組みを推奨している。

① 高齢受刑者に対する定期的な認知症検査の実施
② 刑務所職員に対する認知症の理解やケアの基本についての研修
③ 外部の専門機関との協力とその活用
④ 内外の（個人）情報共有とそのための手続の明確化
⑤ 認知症者のための（安価な）環境整備

認知症の進行を遅らせるとともに、人間としての尊厳が保たれるように認知症受刑者を適切に処遇するためには、まず受刑者の認知機能の状態を正確に把握する必要がある。しかも、認知症は症状が進行するので定期的に検査を行うことが肝要である。そのうえで、刑務官を含めてすべての職員が認知症者の行動特徴を理解し、その行動に対して適切な対応ができるようにする必要があり、それによってはじめて専門の異なる職員間の意思疎通や情報共有が可能となる。日常的に受刑者と接する刑務官が受刑者の行動上の変化に気づくことで、それを医療部門に伝え適切な対処が可能となる。また、個人情報の保護やその共有の手続を明確にしておくことで、外部の専門機関との連携がスムーズになる。刑務所において認知症者のケアに適した環境を整備することは予算の関係上困難なことが多いが、明かりやドアの開閉などお金をかけないちょっとした工夫でできることも少なくなく、そうしたノウハウを共有することも重要である。

もう一つの報告書は、アルツハイマーズ・オーストラリア[26]のニュー・サウス・ウェールズ支部が2014年に発刊した「Dementia in prison（刑務所の中の認知症)」[27]である。この報告書もオーストラリアにおける高齢受刑者の増加などを概観している。アルツハイマー型認知症の専門機関が発刊した報告だけに、刑務所に収容された認知症者の抱えるリスク等について、たとえばアボリジニと呼ばれる先住民、女性、若年性認知症や高齢初犯受刑者など、認知症受刑者の特性ごとに解説している。先住民の場合、その生活様式から脳の傷害を受けやすかったり、貧しかったりといった生活環境等から白人と比べて早い年齢で認知症が現れやすいこと、若年性認知症者の場合、高齢者よりも薬物依存症に注意が必要であること、高齢初犯者の場合、前頭側頭型認知症によって理性的判断能力が低下した影響を考慮する必要があることなどが指摘されている。最後に政策提言が行われているが、そこで書かれていることはモールの報告書とほぼ同じである。

2020年7月6日のアメリカの新聞「The Philadelphia Inquirer」は、厳罰化によって終身刑となった受刑者の高齢化等によってアメリカには40万人近い高齢受刑者が存在し、これからの10年間で認知症受刑者は7〜21万人程度になるのではないかと報道している[28]。

おわりに

厚生労働省の認知症施策検討プロジェクトチームは、2012年「今後の認知症施策の方向性について」と題する報告書[29]において「『認知症の人は、精神科病院や施設を利用せざるを得ない』という考え方を改め、『認知症になっても本人の意思が尊重され、できる限り住み慣れた地域

---

26 認知症に関わる人たちを支援し、正しい情報提供を行うために35年前に設立された民間団体で、認知症オーストラリア(Dementia Austrailia)とも呼ばれる〈https://www.dementia.org.au/〉。

27 Alzheimer's Australia NSW (2014). *Dementia in Prison*〈https://www.dementia.org.au/sites/default/files/20140423-NSW-REP-DementiaInPrison.pdf〉.

28 Lopez, R. (2020). Keeping prisoners with dementia behind bars is cruel: Opinion. The Philadelphia Inquirer, Jul 6, 2020〈https://www.inquirer.com/opinion/commentary/dementia-prison-jail-compassionate-release-20200706.html〉。

29 厚生労働省認知症施策検討プロジェクトチーム「今後の認知症施策の方向性について」(平成24〔2012〕年6月18日)〈http://www.yuki-enishi.com/ninchi/ninchi-06-1.pdf〉。

のよい環境で暮らし続けることができる社会』の実現を目指している」と記すなど、地域社会でのケアの充実を訴えた。その後、認知症施策推進5カ年計画、いわゆるオレンジプランが発表され、2015年にそれを改定した新オレンジプランが発表された(2017年に目標設定の具体化について改定)。そこで掲げられた施策の柱は次の7つである。

① 認知症への理解を深めるための普及・啓発の推進
② 認知症の容態に応じた適時・適切な医療・介護などの提供
③ 若年性認知症施策の強化
④ 認知症の人の介護者への支援
⑤ 認知症の人を含む高齢者にやさしい地域づくりの推進
⑥ 認知症の予防法、診断法、治療法、リハビリテーションモデル、介護モデルなどの研究開発およびその成果の普及の推進
⑦ 認知症の人やその家族の視点の重視

しかし、その一方で精神病院に入院する認知症者の数は増加し続け、全国で20万人を突破している。費用の安い公的施設である特別養護老人ホームは何年も待たなければ入居できず、在宅介護を続けるための介護離職も大きな社会問題となっている。そうした認知症者の受け皿の乏しさを象徴するかのように、法務省の推計によると、65歳以上の認知症者の割合は一般社会よりも刑務所のほうが高い。社会的に孤立した、身寄りのない認知症者が認知機能の低下により社会適応できなくなり、罪を犯し、認知症者だと気づかれることもなく刑務所に送り込まれ、刑務所の中で生を終えているのである。

刑務所にいる認知症受刑者の中には、無期刑受刑者や死刑囚のように刑務所の中で年をとり認知症になった者、若い頃から犯罪を繰り返し、受刑を繰り返しているうちに高齢となり認知症になった者、認知症による認知機能の低下や周辺症状によって犯罪行為を行ってしまい受刑者になった者など、いろいろなタイプがある。3番目のタイプは、地域社会や刑事司法の適切な対応によっては、累犯障害者となる前に救い出すことのできる人たちである。高齢の認知症者の犯罪に多いのは万引き

等の窃盗や無銭飲食、器物損壊などである。いずれも被害金額の小さなものが多く、地域がそれを犯罪だと認識せずに解決する手段を持ち、刑事司法が不要な介入をしなければ、それは刑罰の対象とはならない。たとえば、オランダにあるコミュニティタイプの高齢者住宅「ホグウェイ」[30]の場合、認知症の人が“普通の日常”を送れる村がコンセプトとなっており、施設がスーパーや映画館、レストランなど、生活に必要なものがすべて揃う一つの村として作られている。そのため、重度の認知症の人たちが敷地内を自由に行動でき、スーパーで万引きをしても当然犯罪とはならない。

また、日本でも北海道の砂川市では、「砂川モデル」[31]と呼ばれる認知症高齢者の犯罪防止に地域で取り組んでいる。砂川市では商店街などの経営者らを対象に、認知症について学ぶ講座を開催し、高齢者の万引きが発生した際に店側が認知症を疑うことで、警察に通報せずに対処しようと試みている。日本生活協同組合連合会では、コープ（スーパー）の職員に認知症サポーターの養成講座を受講させ、適切な声掛けによって認知症者の万引きを未然に防ぐ取組みも行われている。地域の人たちの認知症者に対する理解と支援の輪が広がり、適切に福祉につながることができれば、認知症者による逸脱行為の多くは警察沙汰、つまり犯罪とはならない。

次に問題となるのは、刑事司法の対応である。近時かなり改善されてきたが、日本の刑事司法の根幹には、犯罪行為を摘発し、その行為者を罰して「これにて一件落着」と完結してしまう「遠山の金さん司法」の精神が強く根づいている。こうした司法の下では、法曹の多くは、罰を受けた人がその後どうなろうが、それは自己責任であり、自分たちには関係のないことと支援の手を差し伸べようとしない。刑務所には、刑罰を受けている認識を持っていない受刑者が多数いる。彼らに刑事訴訟法480条が適用されることがないのは、人権を守るといいながら刑事手

30 DEMENTIA VILLAGE ASSOCIATES〈http://hogeweyk.dementiavillage.com/〉。
31 読売新聞西部版朝刊（2016年10月18日）による。

続にしか関心のない法曹の無関心にも原因があるが、福島も指摘しているように、480条に書かれた理念を実現できる司法システムが日本には存在しないからでもある。イタリアやドイツ、フランスといった国には、刑罰の執行を監督する裁判所が存在する。刑罰の目的が応報にあるにせよ、更生にあるにせよ、認知症が進行した場合、刑務所での刑の執行そのものに意味がなくなるため、こうした裁判所が刑の執行停止や刑の形態の変更を検討する。このような裁判機能が日本にも存在すれば、少なくとも重度の認知症者には480条の適用が検討され、刑務所から救い出せるはずである。

認知症受刑者の存在が示しているのは、社会のどこにもつながらず自己完結している刑事司法の孤立と、法曹の刑罰後に対する無関心である。欧米でも、厳罰によって犯罪者を社会から排除する政策をとる英米圏で認知症受刑者の存在が問題になり、北欧を筆頭にそれ以外のヨーロッパにはそのような問題は存在しない。イタリアの矯正処分監督裁判所は、2名の裁判官と認知症にも詳しい医師を含む2名の専門家によって構成されており、そもそも認知症者の実刑は回避されるが、弁護人もその審理には関わるため、受刑者の立場に立った防御権の行使が可能となる。

認知症受刑者が問題となっているのは、犯罪者を異質な存在として社会から排除しようとする日本や英米圏であり、司法が他の社会サービスと密接に連携し、司法に福祉マインドが存在する国には存在しない問題である。アメリカの認知症受刑者についての研究に「Forget Me Not: Dementia in Prison（私を忘れないで――刑務所の中の認知症）」[32]というタイトルのものがある。認知症者本人たちは、その病気ゆえに声を上げることができない。彼らの声なき声に耳を傾けることこそが、人権の擁護者たる法曹の真の役割なのではないだろうか。

---

32 Maschi, T., Kwak, J., Ko, E., & Morrissey, M.B. (2012). Forget Me Not: Dementia in Prison. *Gerontologist, 52 (4), 441-451.*

第8章

懲役刑の廃止と自由刑の一本化の課題

はじめに

朝日新聞は、2017年1月23日の朝刊において、法務省が、刑務所に収容する懲役刑と禁錮刑を廃止し、刑務作業に加えて教育なども受けやすくする新たな刑罰への一本化を検討していると報じ、翌月に法務大臣から法制審議会に対し「少年法における少年の年齢及び犯罪者処遇を充実させるための刑事法の整備に関する諮問第103号」が発せられた。

その背景要因は次の2つである。1つは、選挙権年齢の下限が20歳から18歳に引き下げられたことから、少年法における成人年齢も20歳から18歳に引き下げることが検討されていること。もう1つは、70歳を超えた受刑者が増加していることである。前者については、少年法の成人年齢が引き下げられた場合に、これまでは保護処分を受けてきた、事案は軽微であるが資質的な問題から要保護性が高い18歳から19歳の少年が、事案が軽微であるがゆえに、行為責任主義の下で罰金や執行猶予に処せられ、結果として更生の機会を失うことになるのではないかという意見に配慮しようというものである。後者は、高齢受刑者の割合が急激に増加する中で、年齢に関係なく科される懲役刑によって、65歳を超えた高齢者[1]にも懲役（刑務）作業が義務づけられることに疑問が投げかけられ始めたからである。

1　前章で紹介したように2015年に法務省が実施した調査によって、65歳以上の受刑者のおよそ17%に認知症の疑いのあることがわかった。法務省「（資料1）認知症傾向のある受刑者の概数調査（概要）」〈http://www.moj.go.jp/content/001170401.pdf〉。

本章では、今後検討される懲役刑の廃止と自由刑の一本化について、刑罰としての刑務作業（労働）の在り方を中心に、受刑者処遇と再犯防止という観点から検討する。したがって、懲役刑の廃止を規範的な刑罰論で論ずるつもりはない[2]。犯罪学の知見と実務の観点から、懲役刑廃止後の自由刑における刑務作業をどのような形にすることが再犯防止の要請に応えることができるのかを、現状の刑務作業の功罪を整理しながら考えていきたい。

懲役刑とは何か

日本において、身体の自由を奪い特定の施設に拘禁するいわゆる自由刑には、懲役・禁錮・拘留の３種類が存在し、懲役刑には刑務作業が義務づけられている。そして、この作業義務には、「懲らしめの役」という意味が含まれている[3]。

表8-1は、自由刑の種類別に、2019年における受刑者の年末人員と新確定人員を示したものである。これを見ると、日本における自由刑のほとんどは懲役刑となっている。日本の刑務所処遇は、懲役刑を前提に運営されているため、禁錮刑に対する具体的な処遇プログラムはなく、禁錮刑の執行は、就寝・運動や入浴時以外は一日中居室で正座と安座の繰り返しとなってしまう。そのため、禁錮刑の場合でも、申出による作業を行うことができることになっている（請願作業）[4]。『令和元年版犯罪白書』によると、約81％の禁錮刑受刑者が申出によって懲役刑受刑者と

2　Wikipediaによると懲役刑の目的は、隔離（犯罪者を一定期間社会から隔離する）、抑止（長期間自由を奪うペナルティーを科すことにより、犯罪を割に合わないものとする）、矯正（強制労働という苦痛を与えることによって再犯防止を図るとともに、生活習慣などの健全化や職業訓練ともなるため社会復帰に役立っている）となっている。犯罪学的に見ると隔離を除いて、いずれも非科学的かつ非現実的である。

3　吉中信人「現代社会と刑罰制度」甲斐克則編『現代社会と刑法を考える』（法律文化社、2012年）。

4　刑事収容施設法93条「刑事施設の長は、禁錮受刑者（刑事施設に収容されているものに限る。以下この節において同じ。）又は拘留受刑者（刑事施設に収容されているものに限る。）が刑事施設の長の指定する作業を行いたい旨の申出をした場合には、法務省令で定めるところにより、その作業を行うことを許すことができる」。

表8-1　2020年の年末・新確定受刑者人員

	懲役	禁錮	拘留
年末受刑者	39,707	117	0
新受刑者	16,562	53	5

同じ作業に従事している[5]。

禁錮刑は、もともと政治犯などに対する名誉拘禁的な意味を持っていたが、現在では懲役刑よりは軽いものとして過失犯の一部に言い渡されるのみであり、懲役刑に代わる刑罰の選択肢としての意味を実質的に失っている。また、拘留は30日未満の禁錮刑であり、**表8-1**にあるように年間５人程度にしか言い渡されない。

ほかには、実質的な自由刑として労役場留置[6]がある。これは、罰金・科料の金額を納付できない者に対して、裁判で定められた１日あたりの金額が罰金の総額に達するまでの日数分、労役場に留置して所定の作業を行わせることであるが、2020年には2,941件[7]であり、禁錮刑よりも多くなっている。

懲役刑の歴史

懲役刑の歴史はそれほど長くはない。江戸時代に火付盗賊改方長官であった長谷川宣以（平蔵）の建言によって作られた、石川島足寄場として有名な軽罪人・虞犯者の自立支援施設を除くと、1868（明治元）年の「仮刑律」に採用された徒刑が近代的自由刑としての懲役刑の原点だといわれている。徒刑とは簡単にいうと、罪人を一定期間監獄に拘禁するか、または島流しにしたうえで、強制的に労役に服させる刑のことである[8]。現在の懲役刑と一番異なるのは、労役の目的が辛苦を与えるこ

5　法定刑として無期禁錮刑も存在するが、1947年以降言い渡されたことはない。
6　拘置所に拘禁され、居室内で軽作業に従事する。
7　検察統計年報による。

とにあり、その中身がほぼ奴隷労働だった点にある。1872（明治5）年には身体殴打刑の打数を日数に換える懲役法が定められ、徒刑・懲役刑が刑罰の主流となった。そして、1880（明治13）年に旧刑法が公布され、自由刑として徒刑・流刑・懲役・禁獄[9]が設けられた。

明治期には、刑罰の近代化を目指した司法官僚・小原重哉が、監獄は人を懲戒するところであって人に苦痛を与える場所ではないと説き、プロイセンから監獄官練習所主任教授として来日したクルト・フォン・ゼーバッハの薫陶を受けた先進的な矯正思想を持った官吏が誕生した。しかし、富国強兵が叫ばれる中、明治政府の意向によって、監獄（集治監）に収監された徒刑囚や懲役終身囚が、北海道開拓や炭鉱での劣悪な環境での奴隷的労働に従事させられた。1893（明治26）年から1897（明治30）年にかけての、三池集治監における死亡者数を見ると、年平均収容1,730人中死亡者93人となっている。網走囚徒外役所から出役した1,115人はわずか数カ月で死亡者122人、患者914人との記録が残っている[10]。1907（明治40）年に現在の刑法が公布・施行され、徒刑や重懲役刑[11]などが廃止されているが、過酷な懲役作業がなくなったわけではない。

あまり知られていないが、第二次世界大戦中多くの受刑者が激戦の南洋諸島での飛行場の建設作業に従事している。横浜刑務所の記録によると、1941（昭和16）年には海軍から司法省にトラック島への受刑者1,500人の派遣要請があった。派遣部隊はトラック島春島図南報国隊と名づけられたが、多くの犠牲を出している。1944（昭和19）年トラック島に無事たどり着いた図南報国隊の受刑者は432人であったが、終戦

8　刑罰としての強制労働は、日本の大宝律令・養老律令の時代から「徒」として存在している。明治以前の刑罰は、各種死罪・追放・鞭打ち（笞刑）などの身体への苦痛が中心であった。

9　徒刑：重罪に科した刑の名。男は島に送り、女は内地で労役につかせた。流刑：重罪の国事犯に科した刑罰。島地の獄に拘禁して定役に服させないもの。懲役：労役を伴う内地の獄での拘禁刑。禁獄：労役を伴わない内地の獄での拘禁刑。

10　刑罰の歴史については、小野義秀『日本行刑史散策』（矯正協会、2002年）を参照されたい。

11　重懲役：重罪の主刑の一種。9年以上11年以下の刑期で懲役場に入り、定役に服する。

時には100余人となっていた[12]。

戦後の刑務所処遇は、GHQによる行刑改革を経て、法務省矯正局を中心とする刑務所運営へと移行している。終戦後しばらくは、過剰収容や食糧不足などから暴動に近い保安事故が多発する時期があった。こうした困難な時代をゼロトレランス（一切の妥協や例外を許さない）的な厳格な規律と秩序によって押さえ込むことによって乗り切ったことから、日本では、現在のような作業中の無断離席や交談が懲罰の対象となる作業形態が定着している。戦後の懲役刑は戦前と異なり、ただ苦難を与えるだけでなく、できるだけ改善更生を促すことも目指そうとはしていたが、依然として作業を強制するという意味での懲らしめのための役であるという本質は変わっていない。

懲役と強制労働

さて、懲役を考えるうえで、強制労働とは何かを考えておく必要がある。労働基準法は、その5条において、「使用者は、暴行、脅迫、監禁その他精神又は身体の自由を不当に拘束する手段によって、労働者の意思に反して労働を強制してはならない」として強制労働を禁じている。日本も批准しているILO所管の1930年強制労働条約は、強制労働というのは、処罰の脅威によって強制され、また、自らが任意に申し出たものでないすべての労働のことであると規定したうえで、強制労働の使用をできる限り短い期間のうちに廃止することを求めている。ただし、同条約は、裁判所の判決の結果として強要される労務については強制労働から除外している[13]。この場合、この労務は公の機関が監督すべきとされているが、日本の刑務作業の中には、民間企業との契約によって商

12　2000年に横浜刑務所の新庁舎が落成した際に、筆者らが調査・編集した『横浜刑務所落成記念誌』による。

13　2条2(c)「裁判所ニ於ケル判決ノ結果トシテ或者ガ強要セラルル労務尤モ右労務ハ公ノ機関ノ監督及管理ノ下ニ行ハルベク且右ノ者ハ私ノ個人、会社若ハ団体ニ雇ハレ又ハ其ノ指揮ニ服セザル者タルベシ」。

品を製造することや、半官半民のPFI刑務所をはじめ、民間企業の指導の下で受刑者が作業に従事することがあり、しばしば論争の種となっている。これについて政府は、民間企業からの委託労働は行っているが、工場の管理は公務員である刑務官が行っており、民間企業社員は作業指導をしているだけであるから、民間企業によって運営されているわけではなく条約違反にあたらないと説明している。

また、懲役刑については、国際人権規約でもしばしば問題となっている。経済的、社会的及び文化的権利に関する国際規約（社会権規約）6条1項は、「この規約の締約国は、労働の権利を認めるものとし、この権利を保障するため適当な措置をとる。この権利には、すべての者が自由に選択し又は承諾する労働によって生計を立てる機会を得る権利を含む」とし、懲役刑がこれに違反するのではないかという指摘がある。社会権規約委員会は、日本政府による規約16条及び17条に基づく第3回政府報告に関する社会権規約委員会の最終見解（2013年5月17日）において、「委員会は、締約国の刑法典が、本規約の強制労働の禁止に違反して、刑の一つとして刑務作業を伴う懲役を規定していることに懸念をもって留意する（第6条）」としている。これに対して日本政府は、「社会権規約第6条は労働の権利を規定しており、具体的には①勤労を欲する者が職業に就く機会を持つことができるよう、締約国が適切な対策を講ずるよう努める義務、②個人が自分の従事すべき職業を自由に決定し、かつ行う権利を有すること等を定めている」としたうえで、「日本の懲役刑により課される役務は、犯罪者に対する矯正の観点から行われる刑罰の一つであり、同条に規定する労働とは根本的に性質を異にするものである」とし、さらに「我が国の現行法上、懲役刑の執行内容である『所定の作業』（刑法第12条第2項）は、刑事収容施設及び被収容者等の処遇に関する法律第94条第1項において『作業は、できる限り、受刑者の勤労意欲を高め、これに職業上有用な知識及び技能を習得させるように実施するものとする』ものと規定され、また、実務上もそのように運営されているなど、受刑者の改善更生及び円滑な社会復帰を図る上で重要な機能を有する処遇方策であると考えている」ので問題はないと主張している(同最終意見に対する日本政府の意見〔2015年3月〕)。

いずれにせよ、懲役は、その形態としては強制労働条約が規定する「処罰の脅威によって強制され、また、自らが任意に申し出たものでないすべての労働のことである」という構成要件を満たすが、懲役は裁判所の判決の結果として強制される労務であり、国の機関が監督しているのであるから法令上の強制労働ではない、と考えられているのである。

では、懲役をヨーロッパ諸国の制度のように単なる作業義務と理解してよいのだろうか。

自由刑の執行における労働の義務と懲役との違い

日本の懲役刑の特徴として、身体の拘禁に加えて刑務作業（労働）が義務づけられているという言い方をすることがあるが、これは正確ではない。西欧の多くの国においても、自由刑受刑者に対して労働などの有益な活動に従事することが努力義務として求められている。日本と西欧諸国で異なるのが、労働が「強制されるか否か」という点である。日本においては強制されるが、西欧諸国においては労働等はあくまでも努力義務であり、強制されることはない。労働に従事するのは任意であり、それゆえに従事した場合には、正当な賃金が支払われるのである。

筆者は、法務省在職時に刑法の英訳作業に従事したことがあるが、懲役刑をどのように訳すかに多くの議論を費やした。当時、懲役の英語訳として候補に挙がっていたのはpenal servitude、imprisonment with forced laborとimprisonment with workである。懲役刑の本来の意味から考えると、懲らしめの役であり、それは単なる義務ではなく懲罰によって強制されるものであるため、前の2つが適訳なのであるが、最初のものは歴史的には徒刑を意味し、2つ目のものは強制労働を意味し国際的な人権団体などから批判される原因ともなっていたことから、3番目のimprisonment with workが選択され、法務省が運営する日本法令外国語訳データベースシステムにもその訳が使われた。その後、2017年の改定版から単なるimprisonmentに修正され、禁錮刑のimprisonment without workと差別化している。imprisonmet with workでも日本語に戻すと労働を伴う自由刑ということになり、強制されるものという懲役の本質部分は伝わらないが、imprisonmentでは懲役の本質がまったく表現されていない。

ここで、比較的似た条文構造を持つ日本とイタリアの自由刑(reclusione)を規定した刑法の条文を比較してみよう。

日本

刑法12条　懲役は、無期及び有期とし、有期懲役は、1月以上20年以下とする。

2　懲役は、刑事施設に拘置して所定の作業を行わせる。

イタリア

刑法23条　(有期の) 自由刑は、15日から24年間とし、刑事施設に収容し、夜間隔離と作業義務を伴う。受刑者が刑事施設の外での作業を許されるためには、最低1年を経過しなくてはならない[14]。

日本の刑法12条における懲役をimprisonment with workの意味でイタリア語に翻訳すると、イタリア刑法23条とほぼ同じ内容の条文となってしまう。したがって、条文だけを見てイタリア刑法を日本語訳すると、

14　Art. 23.Reclusione: La pena della reclusione si estende da quindici giorni a ventiquattro anni ed è scontata in uno degli stabilimenti a ciò destinati con l' obbligo del lavoro e con l'isolamento notturno. Il condannato alla reclusione che ha scontato almeno un anno della pena può essere ammesso al lavoro all' aperto.

この23条の刑を懲役と訳すことになる[15]。しかし、イタリアの刑務所における刑務作業の実態を見れば、それが日本の懲役とはまったく異質なものであることがわかる。イタリアではすべての受刑者が労働に従事しているわけではない。また、刑務所内での労働は任意であり、社会と同様に募集を見て応募し、採用されれば契約を結び、労働に対しては賃金が支払われる。当然、労働法の適用を受ける。この23条を正確に訳すためには、イタリア共和国憲法とイタリア行刑法を理解することが不可欠である。共和国憲法１条には、イタリア共和国は、労働に基礎を置く民主共和国であり、主権は国民に存し、憲法の定める形式および制限の中でこれを行使するとある。そして、３条には、法の下の平等を掲げ、国はすべての市民に労働の権利を認め、国にこの権利を実行できる環境整備を求め、市民には、その能力と選択に応じて、経済的または社会的発展に寄与する活動を遂行することが義務づけられている。また、イタリア行刑法[16]は、これに対応して、刑務所側に、社会復帰につながる形での労働等の機会の提供を義務づけるとともに、刑務作業が懲らしめの意味合いを持つことを禁じ、報酬を支払うように求めている[17]。つまり、イタリア刑法23条にある労働とは、国民の義務であると同時に権利でもあり、懲らしめとしての刑務作業に従事することを強制する懲役とは異なるものである。

　戦後日本の刑務作業の内容を見ると、過酷な肉体労働など、いわゆる奴隷労働的な要素を取り除き、できるだけ受刑者が意欲的に取り組めるような作業を模索してきた。しかし、懲役刑としての刑務作業は、単なる義務ではなく強制されるものであり、受刑者には働かない自由や

15　本刑の原語はreclusioneであるが、これは英語のimprisonmentと同様に、そもそもは拘禁による自由刑のことで、もともとの意味に懲らしめの役を課すという意味があるわけではない。ただ、この用語が使われ始めたときに、自由刑の執行には日本の懲役刑に近い労役が課されていたこともあり、reclusioneを日本語に訳すときには懲役が使われていた経緯がある。ただ、日本の懲役刑は、懲役という漢字の意味をよく考えたうえで刑法12条を読めば、懲らしめの役が刑罰の本体で、それを刑事施設に拘置して行うと解釈するのが自然である。その意味でも、拘禁して自由を奪うことが本体である作業義務の伴う自由刑と懲役刑は別物と考えるべきである。

16　L'art. 15 dell'ordinamento penitenziario, legge 26 luglio 1975 n.354.

17　詳しくは、イタリア司法省のホームページを参照されたい〈https://www.giustizia.it/〉。

図8-1　事由別懲罰人員の推移

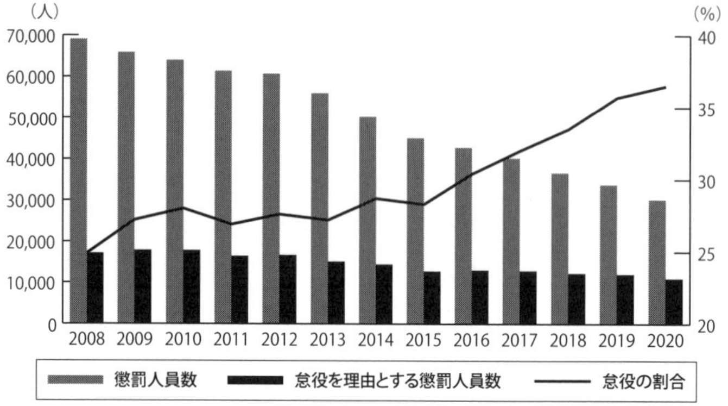

出典：警察庁・法務省の統計による。

作業内容を選ぶ権利は存在しない。もちろん、刑罰としての労働であり、賃金は支払われない。刑務作業へのモチベーションを高めるために作業報奨金が支払われるが、これは恩恵であり賃金ではない。したがって、懲罰を受ければその額は削減されるし、2018年度の実績を見てもフルタイムで稼動しても月平均（予算額）4,360円にすぎない。最低賃金法も労働基準法も適用されない。民間企業との契約で得られる労賃はすべて国庫に納められる。健康上の理由なく作業を拒否すれば、懲罰の対象となる。**図8-1**は、作業拒否（怠役）で懲罰を受けた受刑者数の推移を示したものである。実に懲罰の35%以上は作業拒否で占められている。

ちなみに、これほどまでに作業拒否が多いのには理由がある。作業拒否の多くは働きたくないというよりは、集団室や工場での人間関係の悪化が背景にあって、そこから逃れるためにあえて懲罰を受けようとするケースが少なくない。

懲役刑としての刑務作業の功罪

現在の刑務所における処遇の中心は、刑務作業である。刑務作業がなくなれば、処遇プログラムの８割以上がなくなるといっても過言ではない。そして、刑務所の規律が適正に維持され、保安事故が少ないのも刑務作業の存在があるからこそである。

次に、懲役刑として執行されている刑務作業の功罪を、刑務所の管理運営や再犯防止という観点から整理してみたい。

1　刑務作業の功績

刑務作業の最大の功績は、受刑者に作業（労働）という課題を与え、受刑生活にリズムと張りを与えていることである。人は、何もすることがなくぶらぶらしているとモチベーションが下がり、思考もネガティブなものになりがちで、さまざまなトラブルの原因となる。仕事を与え、そこから逃れられない状況を作り出すことができれば、余計なことを考える暇もなくなり、トラブルや事故も少なくなる。刑務作業の多くは、単純かつ単調なものが少なくないが、懲役刑として強制されている以上、飽きてしまったり、嫌になってしまったりしたからといって、途中で投げ出すことは許されない。あきらめて続けるしかない。懲役だから、どんな作業であっても我慢するしかなく、それが全員に等しく強制されているからあきらめるしかない。刑務作業によって無為に時間を過ごすことなく、懲役だから仕方ないというあきらめが、刑務所の秩序維持に大きな役割を果たしているのは間違いない。しかも、刑務作業中は、不必要な会話や動作は許されない。だから、口論等も防止できる。英語にkeep inmates busy（被収容者を忙しくさせておく）という表現があるが、受刑者に考える余裕を与えず何かに集中させることは、事故防止という観点からはとても効率的な方法である。

筆者が法務省の法務総合研究所に在籍していたとき、受刑者自身が無記名で調査票に記入し、各自で封筒に密封したうえで、施設職員に提出する方法で受刑者に対するアンケート調査が実施された[18]。その調査票には、刑務作業の是非についての質問も含まれていた。結果は、刑

18　中島富美子ほか『刑務所に関する意識調査その1――釈放前受刑者の意識調査（研究部報告1）』（法務総合研究所、1997年）〈https://www.moj.go.jp/housouken/housouken03_00054.html〉。

務作業があるほうが良いと答えた者は77.5%、ないほうが良いと答えた者はわずか3.8%であった（残りは無回答・どちらでもない）。そして、刑務作業があったほうが良いと答えた者に対してその理由を尋ねたところ、最も多かった答えは、「時間が早く過ぎる」の45.9%、以下、「身体を動かせる・健康によい」15.8%、「社会復帰のため」14.7%、「気が紛れる・気持ちが楽」11.5%となっている。この結果からも、長い受刑生活を乗り越えるうえで刑務作業が大きな役割を果たしていることがわかる。その一方で、「勤労の習慣・意欲を身に付けられる」は9.8%、「喜び・充実感がある」は5.8%、「仕事を覚えられる」は5.3%と低く、作業内容には意義を見出せていない様子がうかがわれる。

日本の刑務所は、少ない職員で多くの受刑者を処遇し、しかも逃走や暴力など刑務所の秩序を乱す保安事故が少ないことが大きな特徴となっている。少し古い統計だが、『平成16年版犯罪白書』によると、日本の刑事施設の職員1人あたりの被収容者数は4.3人なのに対して、イギリスは1.6人、フランスは1.9人、ドイツは2.1人となっている。これを可能にしているのも、懲役刑としての刑務作業の存在である。

刑務作業には、生産作業のほかに、刑務所の維持管理に関わる自営作業というものがある。自営作業には、経理作業（炊事・洗濯・清掃等の施設の自営に必要な作業）と営繕作業（施設の改修等直営工事に必要な作業）がある。また、生産作業においても指導補助と呼ばれる受刑者がいて、工場担当刑務官を補佐して、作業上の細かい指導や材料の配付、さらには作業報奨金の計算や高齢受刑者の介護支援なども行っている。こうした受刑者が各刑務所に100人から200人程度存在していて、職員の不足を補っているのである。これらすべてを職員の手で行うためには、ドイツを基準にしても少なくとも刑務官を2倍に増やすことが必要となる。また、こうした自営作業の多くは作業の成果も目に見えるため、受刑者にとってやりがいのある有益な作業ともなっている。

筆者が刑務所に勤務していた頃には、職員食堂の調理も受刑者が行っていた。受刑者の中には、入所前にレストランのシェフとして働いていて、出所後も同様の仕事に就く予定の者もいた。彼にとって職員食堂の勤務は、技術を維持する職業訓練として絶好の機会であり、職員食堂の味つけも劇的に向上した。懲役刑を前提とする限りという条件付きではあるが、これら経理作業は受刑者にとっても刑務所にとってもwin-winの関係にあった。

2　刑務作業の罪

では、懲役刑としての刑務作業の罪(マイナス面)は何か。一言で言って、それは、作業が強制的に課せられることに起因する。懲役刑は、単に受刑者に作業義務を課すだけではなく、それを強制する。作業を拒否すれば懲罰の対象となる。受刑者に対して適切な作業がないからといって、勝手に休憩させることはできない。懲役刑を執行することが刑務官の職務であり、適切な自営作業や生産作業がない場合には、無理にでも作業を作り出して受刑者を作業に従事させなければならない。つまり懲役は、発想の方向として、有益な作業があるから受刑者に作業をさせるのではなく、受刑者に作業をさせなくてはならないから作業を作り出しているのである。

さらに、日本の懲役刑には、定年という概念もない。懲役刑は、80歳を過ぎ、認知症傾向を示している受刑者に対しても、刑務作業を強制する。もちろん、それぞれの刑務所の努力によって介護的な作業をさせるように心掛けてはいるが、懲役である以上、適切な作業がない場合でも刑務官としては何らかの作業を強制するしかない。

ちなみに、ヨーロッパの刑務作業の発想は「有益な作業があるから受刑者に作業をさせる」である。有益な作業があって、それに従事したい受刑者を募集して、応募してきた受刑者から最も適性のある者を選んで、訓練したうえで作業に就かせるのである。だから、社会復帰に適した作業を厳選することができる。

これに対して、日本の刑務作業は懲役刑の執行であり、受刑者全員に対して同じように作業をさせなければならない。適材適所などという余裕はない。全受刑者を対象に、より効率的に作業を実施するためにはどうしたらよいのかと工夫した結果が、現在の刑務作業である。基本的に、受刑者は持ち場が決められ、その持ち場からできるだけ移動せずに作業を行わなくてはならない。椅子に座って作業する場合には許可なく離席することはできないし、周囲の受刑者と私語をすることは許されていない。作業中の受刑者同士のコミュニケーションを最小限にすることは、保安事故を防止するうえでも有効である。ある意味、良い商品を作ったり、作業効率を良くしたりすることよりも、保安事故防止が優先されているのである。

筆者の経験でも、暴力団関係受刑者は、ミシンを扱う縫製工場に配役されることが多かった。これは、受刑者間のコミュニケーションを制限するためであった。ミシンは一台一台独立していて、しかも集中しないとできない作業であり、作業に没頭すれば必然的に私語が抑制されるのである。実は、こうした作業のあり方が、現在の刑務作業が社会復帰に役立っていない最大の原因である。

最近、法務省は、再犯防止のため、「居場所」と「出番」を合言葉に就労支援に力を入れている。しかし、せっかく就労支援を受けて出所後就労しても、就労先を無断で飛び出してしまうケースが後を絶たない。その大きな原因は、就労先でうまくコミュニケーションをとることができないことに起因している。

筆者は、バブル経済全盛期に保護観察官を経験しているが、刑務所を出所してきた人が最初の就労先に定着できるケースはあまり多くなかった。数回転職を繰り返す中で徐々に社会生活に慣れ定着していくことがほとんどであった。その際に筆者が注意していたことは、就労先を辞めたらすぐに相談に来させることである。バブル期だったため仕事はいくらでもあったので、退職しないようにプレッシャーをかけすぎないようにしつつ、失業期間を短くするように心がけ、面接室でスポーツ新聞の求人欄を広げて、対象者が選んだ求人に対してそのまま面接に行かせていた。刑務所に長くいるとコミュニケーション能力が衰えてしまう。そして、刑務所では、人間関係などで何か問題が発生しても、自分たちで解決せず、ひたすら我慢するように指導するため、それが社会での就労の大きな足枷となっているのである。

前述の受刑者アンケートには「刑務所に入所して、得られたことは何ですか」という質問があるが、それに対して63.2%の者が「忍耐力が身についた」と回答している。たしかに、刑務所では我慢させられることが多い。受刑者に自由はなく、生活のあらゆる場面で我慢するしかない。だから忍耐力が身についたと思ってしまうのかもしれない。しかし、刑務所での我慢は強制されたものであり、我慢する習慣が身についたとしても、それによって自ら忍耐する力が身についたりすることはない。これは、受刑者の高い再入所率を見れば明らかである。我慢は問題を先送りにしているだけで何も解決しない。だから、受刑者の多くは、出所後、就労先で困ったことがあっても周囲とうまくコミュニケーションをとったり、相談したりすることができず、刑務所で身についた習慣として我慢しているうちに、問題を解決できずに次第に追い詰められて飛び出してしまうのである。

就労支援を有効に機能させるためには、こうした刑務作業の在り方を変えていくことが必要である。法務省は以前、協力雇用主[19]に対してアンケート調査を実施したことがある。その結果は『平成24年版犯罪白書』に掲載されているが、「刑務所出所者等を雇用する際、必ず必要とする条件」では、「社会人としての自覚」が約76%と最も多く、「社会常識」および「普通自動車免許」が半数を超えており、「専門的知識」は11.8%にすぎない。また、「刑務所等を出所するまでに身に付けておいてほしい知識・能力」では、「社会常識」が最も多く、高い比率となっており、次いで「資格・免許」、「ビジネスマナー」となっており、「専門的知識」は8.4%にすぎなかった。このアンケートの中で協力雇用主の人たちが求めている「社会人としての自覚」や「社会常識」というのは、社会人としてき

19 犯罪・非行の前歴のために定職に就くことが容易でない刑務所出所者等を、その事情を理解したうえで雇用し、保護観察所に登録して改善更生に協力する民間の事業主。

ちんとコミュニケーションがとれるということである。だからこそ、刑務所での事前面接や自社での事前就労体験を希望する協力雇用主も多いのである。

イタリアやノルウェーで刑務所参観をしていると、受刑者から話しかけてくるのが普通である。日本では、作業中に顔を上げて参観者を見ないように指導されている。これでは社会人としてのマナーは身につかない。

懲役刑と受刑者の高齢化

ここで懲役刑の見直しを検討する要因の一つともなった受刑者の高齢化を確認しておこう。

刑務所の過剰収容や裁判員裁判が始まり、裁判員裁判の対象事件を厳密に精査することで殺人未遂が傷害事件になるなどの影響もあり、厳罰化が緩んだことから、2006年をピークに新受刑者数は30歳未満を中心に大きく減少傾向にある。しかし、帰る場所のない満期受刑者等を福祉等につなぐ地域生活定着支援センターが設立され、自立困難な高齢者等に対するさまざまな支援が講じられているにもかかわらず、**図8-2**にあるように、70歳以上の高齢新受刑者数の増加に歯止めがかかっていない。その結果、**図8-3**にあるように、刑事施設で死亡する70歳以上の

図8-2　70歳以上の新受刑者人員の推移

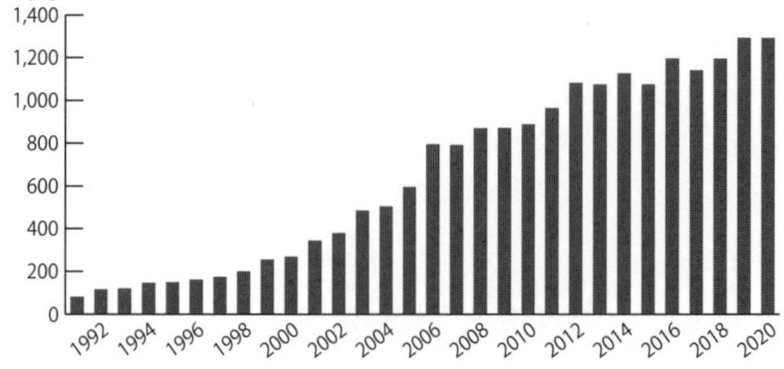

出典：「無期刑の執行状況及び無期刑受刑者に係る仮釈放の運用状況について　令和２年11月」
〈https://www.moj.go.jp/content/001358492.pdf〉

注：年齢は入所時のもの。

図8-3　刑事施設における70歳以上の死亡人員の推移

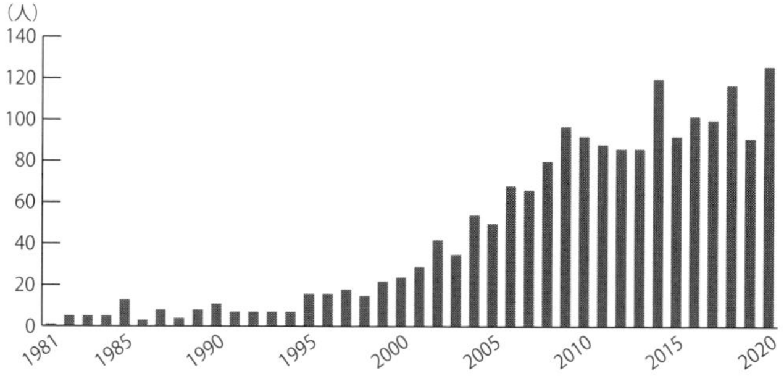

出典：矯正統計年報による。

表8-2　最近10年間における無期刑受刑者の推移（年末現在・（新）仮釈放・死亡）

	年末現在	（新）仮釈放	死亡
2006	1596	3	15
2007	1670	1	13
2008	1711	4	7
2009	1772	6	14
2010	1796	7	21
2011	1812	3	21
2012	1826	6	14
2013	1843	8	14
2014	1842	6	23
2015	1835	9	22
2016	1815	7	27
2017	1795	8	30
2018	1789	7	24
2019	1765	16	21
2020	1744	8	29

出典：「無期刑の執行状況及び無期刑受刑者に係る仮釈放の運用状況について（令和３年11月）」

高齢者の数は2020年には年間120人を超えている。2020年の新受刑者における60歳以上の者の割合は、男性では18.4%、女性では24.5%と世界最高水準を維持し、その割合は年々上昇傾向にある。冒頭で述べたように、法務省の特別調査によると60歳以上では約14%、65歳以上では約17%もの受刑者に認知症傾向のあることがわかっている。高齢受刑者の多くは万引きや無銭飲食を繰り返すことで実刑となっているが、現在の制度では、こうした認知症傾向のある高齢者に懲役刑が言い渡されているのである。もちろん、認知症傾向のある高齢者を刑務所の保全や清掃、調理といった自営作業や商品を作り出す生産作業に就かせることはできず、懲役刑を執行することだけを目的とした紙折などの作業を強制するしかないのが実情である。

また、**表8-2**は、無期刑受刑者の死亡と仮釈放の状況を見たものである。厳罰化によって無期刑は実質的に終身刑として運用されており、刑務所で老後を迎え、そのまま死亡する者が増加している。2020年末現在1,744人の無期刑受刑者がいるが、60歳以上の者の割合は過半数の50.9%(80歳以上6.8%)となるなど年々増加している。彼らは、仮釈放されない限り死ぬまで刑務所の中で刑務作業に従事しなくてはならない。

作業内容に一定の配慮を行っているとしても、こうした高齢受刑者に懲役刑を科していることは、文明国家として誇れることではない。

懲役刑廃止後の刑務作業

懲役刑は、もともと健康な若年・壮年の受刑者を想定して作られた刑罰であり、身体刑の代替として考案された徒刑から発展したもので、誕生からすでに100年以上が経過している。そのため、人権や国際法の観点からも、再犯防止という犯罪学的な観点からも、さらに受刑者の質の変化という観点からも、時代遅れのものとなっている。その意味で、懲役刑の廃止は時代の要請に応える必然ともいえる。

しかし、懲役刑が廃止されたからといって、刑務作業をなくせるわけではない。前述のように、懲役刑として実施されてきた刑務作業が現在の刑務所運営を支えていることも間違いなく、単に廃止してすべてを禁錮刑にしてしまうと、刑務所の運営は崩壊する。また、懲らしめの役(強制的)ではない就労(労働)や職業訓練としての刑務作業は、受刑者の受刑生活の充実という観点からも、更生という観点からも必要なものであるのは間違いなく、懲役刑を廃止する場合、現在の形ではない刑務作業の在り方や刑務作業以外の多様な処遇プログラムを考えていかなくてはならない。

懲役刑廃止後の刑務作業は、受刑者による労務の提供に関して何らかの雇用契約を結んだうえで、実施することが必要となる。当然、最低賃金法を遵守した賃金の支払いも必要となる。前述の経理作業の中でも、工場での指導補助などについては通常の雇用契約での労務の提供として実施することができると思われるが、自営作業については、刑務所が行うのか、民間企業に委託して実施してもらうのかが問題となる。また、自営作業の中には、受刑者の改善更生という観点から有意義な作業も少なくなく、完全に民間企業に委託するのではなく、刑務所が受刑者と雇用契約を結んで実施したり、民間企業が受刑者と雇用関係を結んだうえで実施したりする方法が考えられる。一番簡単な方法は、現在の矯正協会がソーシャルファーム（社会的企業）を立ち上げ、そこが刑務所内の清掃作業等を請け負う方法が考えられる。刑務所内の草花の手入れや清掃など、一定程度は、就労ではなく受刑者の自主的活動として位置づけることができるかもしれない。いずれにしても現在の懲役のように受刑者に労務の提供を強制することはできないため、必要に応じて受刑者との間で雇用契約を結ぶことになり、コストは増加する。

また、雇用契約を結び賃金が発生する以上、市場価値のない作業は淘汰される。そのため、働きたいすべての受刑者に就労を保障することは難しく、就労以外の処遇プログラムを重層的に準備する必要がある。

さらに、再犯防止を目的とするのであれば、刑務作業として単に受刑者の社会復帰に役立つ就労を用意するだけでは十分ではなく、出所後のアフターケアも含めて、受刑者の特性ごとにトータルな処遇プランが組めるように制度設計することが望ましい。たとえば、若年者に対しては、働く意欲の喚起から、出所後のキャリアプランの策定、職業訓練の実施から、トライアル雇用、就労(継続)支援までの一貫した更生プランが必要となる。高齢者に対しては、運動機能や認知機能を維持または回復させるようなプログラムの開発とともに、出所後の居場所や生きがいの確保など、こちらも更生(ケア)プランが必要となる。エビデンスは、刑務所にいる間の外部通勤(work release)や就労継続支援の存在が再犯防止の鍵だと示している[20]。

ソーシャルファームの活用

ヨーロッパの刑務所においても、生産年齢人口(労働力の中核となる年齢層)にある受刑者の処遇の中心は就労である。更生とは、まっとうな市民としての社会生活ができるようになることであり、その中心が就労である。理想的には、前述のように刑務所の中の就労と、外での就労がシームレスにつながることが望ましい。そのために存在するのがイタリアでは社会協同組合、いわゆるソーシャルファームである。ミラノのボラーテ刑務所を筆頭に、イタリアの刑務所では、社会協同組合が受刑者を雇用して就労の機会を提供している[21]。

ボラーテ刑務所が目指しているのは、「受刑者に対しても、刑務官に対しても、刑務所に対する固定概念を捨てさせ、刑務所にいることを忘れることができるような環境をつくること」。これまでにも指摘してきたようにイタリア共和国憲法27条は、刑罰の目的を更生と規定している。受刑者はいつか社会に戻る存在であり、刑務所は本来そのための準備をする場所である。そのためには、刑務所の中が特殊な場所であってはならない。同時にイタリア共和国憲法は、国民は労働を得る権利を有しているとも規定している。更生するということは、社会の中で普通に働いて生きていくことができるようになるということ。ボラーテ刑務所の刑務作業はこうしたコンセプトによって設計されている。

---

20 Sydes, M., Eggins, E., & Mazerolle, L. (2018). *What works in corrections? A review of the evaluation literature. Queensland Corrective Services. 1-147.*

21 浜井浩一「再犯率60% から18%へ　ミラノ・ボラーテ刑務所の奇跡——社会協同組合と刑務所文化の破壊」季刊刑事弁護89号(2017年)143〜151頁。

その特徴の一つは、刑務所の中にいる受刑者を雇用するだけでなく、仮釈放などで刑務所を釈放された後も就労を継続することができることにある。加えて、釈放前に刑務所の外での就労を経験させる外部通勤制度なども活用して、受刑者がスムーズに釈放後の就労に移ることができるように配慮されている。イタリアの刑法は自由刑に労働を義務づけているが、就労は強制ではなく、社会協同組合からの求人に受刑者が募集し、面接を経て採用される。採用されると組合員となり、賃金が支給される。そして、なによりも社会協同組合の組合員はみな平等であり、より商品価値の高い製品やサービスの向上を目指して、受刑者を含めてすべての組合員が目標を共有し、話合いを重ねながら作業が進められていく。受刑者には、自律心や責任感など社会人としての自覚が求められる。社会協同組合の職場は、刑務所の中であれ、外であれ、社会協同組合に任され、原則として刑務官の立会いはない。ボラーテ刑務所は、こうした仕組みを大胆に導入することで再犯率を大幅に減少させることに成功したのである。

おわりに

更生へとつながる刑務作業は、作業の進め方などの職場環境はもちろん、作業によって生み出される製品やサービスそのものが地域社会とつながっていることが望ましい。イタリアの社会協同組合が実現しているように、手間をかけることで市場に高品質な商品を提供し、それが売れることで受刑者が社会貢献を実感できるような刑務作業が理想である。刑務作業が地域と刑務所の中をつなげるのである。

いずれにしても、懲役刑を廃止し、再犯防止につながる刑務作業を目指すのであれば、ボラーテ刑務所が行ったように、刑務所内での働き方そのものを社会での就労に近づけることが不可欠である。現在のように保安最優先で、周囲とのコミュニケーションの禁止を含む作業中の極端な行動制限は、受刑者の更生に百害あって一利なしである。エビデンスもそのことを支持している。一般企業でさまざまに行われている作業事故防止策を参考にしつつ、規律と秩序のゼロトレランスに頼らない、受刑者の自発性やモチベーションを高める方向での刑務作業の在り方を生み出していかなくてはならない。

第3部

犯罪学の最前線

第9章

矯正保護に関するエビデンスから見た日本の犯罪者処遇[1]

はじめに

更生とは何を意味するのか。大辞林によると更生には、次の3つの意味がある。

① 生き返ること。よみがえること。蘇生（そせい）。

② 精神的、社会的に、また物質的に立ち直ること。好ましくない生活態度が改まること。

③ 不用品に手を加えてもう一度使えるようにすること。

つまり、犯罪者の更生には、過ちを犯した者が、精神的にも、社会的にも立ち直って、まっとうな社会の一員として認められるように生まれかわることが意味されている。

更生保護法1条に、更生保護の目的が書かれている。更生保護の目的は、犯罪者を善良な社会の一員として生まれ変わらせることにあるが、その大前提として再犯の防止が掲げられている。つまり、本人が心の底から改心していたとしても、再犯をしたのでは、更生の目的が達せられたとはいえない。

さて、一般的には、「罪の意識」を持つことは再犯防止への第一歩と考えられている。人は、「罪の意識」がないから犯罪を起こすと考えられているのである。自らの行為や被害者の気持ちを理解すれば、反省が深

1　なお、本稿は、日本犯罪学会の機関誌・犯罪学雑誌86巻1号および3号（いずれも2020年）に掲載された拙稿「エビデンスからみた日本の刑事政策への提言——キャンベル共同計画における系統的レビューを中心に」をもとに大幅に縮小・再構成したものである。

まり、再犯をしなくなるという論理である。これは常識に適った考え方でもある。裁判官の判決においても、死刑等の重い判決の際に「罪の意識が希薄であり、矯正は困難で、再犯の可能性が高い」というロジックがよく使われる。これは、犯罪が個々人の規範意識の問題として捉えられていることにも原因がある。一時期、「しょく罪教育」という言葉が流行ったが、これは、犯罪を人の規範意識や意思の問題と考え、間違った考え方や価値観を悔い改めさせることで犯罪を防止しようという考え方に基づく。

しかし、よくよく考えてみれば、「罪の意識」は心の病の原因でもある。うつ病の大きな原因の一つは「罪の意識」である。まじめで内向的な人ほど、いろいろなことに対して必要以上に罪の意識を強く持ってしまい、その結果、自尊感情が低くなり、社会的に不適応状態に陥り、うつ病になったり自死に追い込まれたりする。自死遺族や犯罪被害者遺族がなかなか立ち直れない原因の一つも、家族を守れなかった「罪の意識」にある。もちろん、倫理的には、加害者とその被害者の「罪の意識」は同列に語れるものではない。加害者の「罪の意識」は当然に持つべきものであり、被害者のそれは持つ必要のないものである。しかし、「罪の意識」が人の心にとって大きな重荷になることに違いはない。

さらに、発達障害を持つ人の場合には、その障害の特性が、相手の立場に立って考える想像力そのものにあり、空気を読んで受け答えをすることができない。その結果、被害者遺族の気持ちを想像してみるように問われた際に、裁判官に対して何の躊躇もなく「自分は遺族ではないので遺族の気持ちはわかりません」と答えたりする。それで「罪の意識」が乏しいと刑罰を重くされたのでは、それは個人としての尊重を謳った憲法を無視したいじめにも等しい行為であるといえるのではないだろうか。

犯罪者処遇を考えるうえでまず注意しなければならないことは、倫理的に正しいことと、科学的に正しいことをきちんと区別して議論することである。刑事司法の分野では、法的思考がなによりも優先されるうえに、罪と罰という思想や倫理的な問題が議論されるため、何々であるべきという「べき論」が先行して、ともするとこの倫理的問題と科学的事実の両者が、ごちゃまぜに議論されることが多い。

「罪の意識」は、その典型かもしれない。倫理的に考えれば、犯罪者は「罪の意識」を持つべき存在である。そして、「罪の意識」を持ってはじめて犯罪者は更生することを許される。しかし、科学的に「罪の意識」を持つことが再犯を防止することにつながるかどうかは、それとは別問題である。

エビデンスに基づいた政策決定

EBP(Evidence-Based Practice or Policy)という言葉を聞いたことがあるだろうか。日本語にするとエビデンスに基づいた政策となる。言い換えると科学的根拠に基づいた政策であるが、日本の刑事政策には十分に根づいていない。というのも、刑事政策が議論されるのは重大事件が発生した直後が多い。マスコミを中心に、加害者に対する怒りや事件を防げなかった政府等に対する憤りを発端に感情的な議論が巻き起こるため、残念ながら厳罰や監視の強化、または道徳教育といった常識に基づいた対策がとられがちである。しかし、こうした常識に基づく犯罪対策はエビデンスによって否定されることが多い。

そうした例を一つ紹介しておこう。本書序論でも紹介したが、自らの行いを反省させる処遇プログラムが再犯防止に効果がないどころか、再犯を促進してしまう危険性があることを証明した有名な研究である。この研究を行ったのは、キャンベル共同計画(Campbell Collaboration)[2]という国際プロジェクトである。キャンベル共同計画とは、社会政策の分野においてエビデンスを作り出し、それを広く社会に普及させることを目的として活動している。なお、筆者が所属する龍谷大学では、キャン

---

2 Campbell Collaboration〈https://campbellcollaboration.org/〉.

ベル共同計画の日本語版HPを運営し[3]、系統的レビュー[4]等の翻訳作業やキャンベル共同計画の推進を支援している。

この処遇プログラムはスケアード・ストレイトと呼ばれている。非行少年を、凶悪犯罪者が収容されている刑務所に連れて行き、受刑者と対面させ、非行の先にある現実（過酷な刑務所生活や未来の自分かもしれない受刑者）に直面させ、自らの行為の問題性に気づかせ、反省させることで更生を促す反面教師プログラムである。筆者も法務省在職中に、とある少年刑務所の覚醒剤離脱指導でスケアード・ストレイトの手法を使ったことがある。覚醒剤依存を甘く考えている初犯の受刑者に、覚醒剤をやめられず何度も受刑していた累犯受刑者の話を聞かせることで、覚醒剤の持つ恐ろしさを自覚させる試みである。実際にやってみると、現場感覚としては、初犯受刑者の態度が一変するなど劇的な効果が現れる。

エビデンスは無作為比較対照試験（RCT）によって作られる。非行少年を無作為に実験群と統制群の2つのグループに分けて、実験群にはスケアード・ストレイトを受けさせ、統制群には何もせず、数年後の再犯率を比較するのである。全米各地で実験が行われ、その結果をまとめた系統的レビューが公表された[5]。エビデンスが示した結果は、常識に反してスケアード・ストレイトは再犯率を悪化させてしまうということであった。エビデンスは、その理由を説明しない。しかし、よく考えてみれば、「あんな風になりたくない」という反面教師には、そうならないための具体的な道筋（選択肢）が何も示されていない 。そこには、スティグマを取り除くプロセスが存在しない。これまでのエビデンスで効果が確認さ

3　キャンベル共同計画ライブラリ〈https://crimrc.ryukoku.ac.jp/campbell/library/index.html〉。福祉を含めた社会政策に関するこれまでに得られたエビデンスを紹介している。

4　同じテーマを扱う先行研究をメタ分析等を用いて系統的かつ再現可能な方法でレビューしたもの。

5　Petrosino, A., Turpin-Petrosino, C., Hollis-Peel, M. E., & Lavenberg, J. G. (2013). Scared Straight and Other Juvenile Awareness Programs for Preventing Juvenile Delinquency: A Systematic Review. Campbell Systematic Reviews, 9(1), 1-55（中田友貴訳「（抄録）スケアード・ストレートプログラムは犯罪をより招く」龍谷大学・犯罪学研究センター・キャンベル計画日本語版、刑事司法カテゴリ〈https://crimrc.ryukoku.ac.jp/campbell/library/pdf/crimejustice/cj8_jp.pdf〉）.

れた対策の多くには、犯罪から離脱するための具体的な行動の選択肢が示されていることが多い。エビデンスが示したのは、罪を反省するだけでは人は更生できないし、再犯も防止できないということである。

犯罪者の特徴の一つに、認知の歪みがあるといわれている。認知の歪みが原因で、周囲の状況を脅威と感じたり、自分を客観的に省みたりすることなく、自身の反社会的行動がなぜ問題の原因になっているかを理解せず、自分のことを不公平に非難されている、あるいは社会から阻害されているなどと感じて、同じ失敗を繰り返してしまうのである。認知行動療法は、こうした認知の歪みを学習されたものと考え、その歪みを再学習により修正しようと試みる心理学的治療方法の一つである。

具体的には、犯罪者の犯罪行動に先立つ思考プロセスと自らの選択を理解させることで、この認知の歪みを理解させ、自己モニタリングできるように働きかける。そのうえで、偏ったり、歪んだりした思考パターンに気づかせ、それを修正できるように支援する。認知行動療法の基本は、犯罪者が用いている認知スキルを再構成することをねらいとしている。その代表的なプログラムに、怒りの統制訓練がある。これは、犯罪者に怒りを感じる経験を記録させ、怒りの「引き金」となる思考を確認させ、怒りをコントロールするテクニックを身につけさせることで、犯罪者に自己コントロールを教えるプログラムであり、最近日本の矯正処遇でも導入されつつある。

キャンベル共同計画では、英米先進国で行われた認知行動療法を犯罪者処遇に適用した場合の効果を系統的にレビューし、その結果を評価している。犯罪者に対する認知行動療法的な働きかけ、つまり、認知の歪みを修正する働きかけは、再犯率の低下に効果があること、さらには治療セッションの場所や期間よりは、セッションの時間や回数、つまり密度と関係があること、とくに怒りをコントロールするテクニックを身につけることが効果的であることなどが見出されている。

その中で1つ、とくに注目すべき結果が紹介されている。それは、このレビューの中で認知行動療法の要素の一つとして取り上げられている

「被害者の心情を理解する（victim impact）プログラム」が、再犯率の低下に対してマイナスの効果がある、つまり再犯率が高くなる危険性があるという結果[6]が示されていることである。もちろん、これだけで被害者の心情を理解することが再犯率を高めると結論づけることは早計だと思われる。だが、少なくともアメリカが1990年代後半から取り入れている、ビデオやロールプレイ等によって被害者の痛みを加害者に理解させようとするプログラムが、再犯率に対してネガティブな効果を持つ可能性が高いことは否定できない。これは、「罪の意識」や反省と再犯との関係を考えるうえで興味深い。

犯罪者には自尊感情の低い者が多い。だからこそ、なかなか自分の過ちが認められない。被害者の心情を理解させることは、ある意味では彼らがいかにひどいことをしたのか、社会的に非難されることをしたのかを理解させることであり、自己イメージを低めさせ、心に大きな重荷を背負わせることになる。被害者が死亡している場合にはなおさらである。被害者の心情を本当に理解できれば、自然と「自分だけが生きていていいのか？」と思うはずである。犯罪者に限らず、普通の人でも、その状態で生き続けるのは苦しい。被害者遺族の苦しみを理解させようとするプログラムだから当然といえば当然なのかもしれないし、倫理的には、加害者が遺族の苦しみと同じか、それ以上の苦しみを背負うことは当たり前のことかもしれない。しかし、それは同時に、罪の意識という重荷を背負わせることで社会での生きにくさを増加させることにつながってしまい、社会不適応を促進する危険性も持つ。

「スケアード・ストレイト」と「被害者の心情を理解する」両方のプログラムに共通しているのは、これでもかこれでもかと彼ら加害者自身の負の側面に直面させながらも、そこからどう回復したらよいのかを示したり、回復のための手助けが用意されたりしていない点にある。犯罪者となる人は、他人から大切に扱ってもらった経験がなく、その結果、自分

6　Lipsey, M., Landenberger, N. A., & Wilson, S. J. (2007). Effects of cognitive-behavioral programs for criminal offenders. *Campbell Systematic Reviews, 3(1),* 1-27.

を大切にすることができない人が多い。当然、自分を大切にできない人が、他人を大切にすることができるはずはない。

いずれにしても、「罪の意識」を高めることや反面教師によって自らの行動の問題性を自覚させるだけでは再犯を防止することはできそうもないことは、エビデンスによって確認されている。

更生（立ち直り）のプロセス

2014年10月18日、京都産業大学で行われた日本犯罪社会学会第41回大会の学会企画テーマセッション「犯罪非行からの立ち直り：desistance（犯罪・非行からの離脱）とは何か」[7]において基調講演を行ったラトガース大学の犯罪学者ボニタ・ベイジーは、犯罪者に限らず、社会から排除された人々の回復のプロセスは共通であると主張している。

彼女の主張は、犯罪者が立ち直る（人が回復する）ためには、その人を立ち直らせたいという思いを強く持った人との出会いや関係性が重要であり、その関係性を通して、自分が社会にとって役に立つ人間であるという肯定的な自己イメージを持つことができたときに人は立ち直ることができるというものである。ベイジーは、犯罪者の処遇がうまくいかない理由は、多くの対策が、犯罪者は普通の人とは異なる、犯罪の原因を取り除けば人は更生するという誤った前提に基づいて運営されているからだと指摘する。

人は、過去に戻ることができるわけではなく、未来に向かった関係性を築き、それによって社会の役に立っているという新しいアイデンティティーを身につけることで前向きに生きていくことができる。これは、おそらく精神科治療、障害者の支援、依存症者の支援など、更生保護を

7　Veysey, B. M.「非行・犯罪からの離脱（desistance）、異なるアイデンティティー（identity）への変容のプロセス：将来有望な新たな方向性とは」日本犯罪社会学会第41回大会（2014年10月18日）〈http://hansha.daishodai.ac.jp/meeting/pastinfo/program_41st.pdf〉。

含めて人の回復プロセスに関わっている人すべてが共通に感じていることではないだろうか。犯罪者は、その行為がどんなに非人間的なものであったとしても、モンスターではなく人であり、その回復プロセスも、他の人と変わりはない。

紹介した2つのプログラム、「スケアード・ストレイト」と「被害者の心情を理解する」が再犯率を高めてしまったことも、この回復のプロセスから考えるとわかりやすいかもしれない。どちらのプログラムにも、本人たちを回復させようとする者との出会いも、肯定的なアイデンティティーの構築も存在しない。それどころか、自己否定の機会を与えて不安を喚起しただけである。

処遇現場での実務経験からすると、非行少年や犯罪者が過去を振り返り、自らの過ちを理解することは立ち直りのためのきっかけとしては重要であり、立ち直りプロセスの第一歩である。ただし、過去の過ちを振り返らせること、つまり反省や「罪の意識」が単なる後悔となって、心の重荷になってしまっては意味がない。重要なことは、過去を振り返らせ、反省させつつも、過去にとらわれ後悔ばかりの人生を送らせるのではなく、未来に向かって導いていくことである。最新の立ち直り研究が示している方向性は、犯罪の原因と立ち直りに必要な要因とは同じではなく、再犯防止を含め犯罪者や非行少年を立ち直らせるためには、原因論とは異なったアプローチが必要だということである。

矯正保護処遇に関するエビデンス

キャンベル共同計画は、厳格な手続（プロトコル）に基づいて系統的レビューが作り出されるため、受刑者に対して現場で行われる小規模な処遇プログラムによる介入がレビューの対象とはなりにくい傾向にある。そこで、本章では、筆者の専門である矯正保護におけるさまざまなタイプの介入（犯罪者処遇プログラム）についての最新のエビデンスを紹介することで、日本の犯罪者処遇の進むべき方向性について考えてみたい。この分野では、サイデスら（2018年）[8]が系統的レビューによるエビデンスを対象とした大規模なナラティブレビュー[9]を行い、報告書としてまとめているので、その概要を主に紹介する。

サイデスらは、矯正保護分野でのアニマルセラピー、マインドフルネス、芸術療法や刑務所からの外部通勤といったキャンベル共同計画がこれまでに扱ってこなかったさまざまな種類の介入（処遇プログラム）に関する系統的レビューを独自に収集し、手段や目的に応じて9つの領域に分類したうえで、それぞれのエビデンスをナラティブにレビューし、犯罪者処遇についてエビデンスから何が明らかとなったのかについて整理している。サイデスらは、こうしたレビューのことをラピッドレビュー（rapid review）と呼んでいる。以下、9つの領域ごとにレビューの結果を簡潔に紹介していこう[10]。

1　拘禁刑・非拘禁刑

1つ目が、拘禁刑と非拘禁刑との比較である。つまり、再犯防止のためには、刑務所に入れたほうがいいか、入れないほう（社会内刑罰）がいいのかということである。

当然のことであるが、このテーマの場合、スケアード・ストレイトなどと比較すると、容易に実験ができるわけではない。また、一口に刑務所といってもその内容も形態もさまざまであり、非拘禁刑も同様である。拘禁刑には、スティグマ（犯罪者の烙印）がつきもののうえに、悪風感染の副作用もあり再犯防止は期待できないとする研究が多いものの、拘禁期間中は社会内で再犯ができないという無力化の効果があるともされる。

このレビューでは、拘禁刑は若い白人男性において再犯率を上昇させ

8　Sydes, M., Eggins, E., & Mazerolle, L. (2018). What works in corrections? A review of the evaluation literature. Queensland Corrective Services, 1-147.

9　一般的なレビューで対象となる先行研究を網羅的に概観したもの。

10　なお、サイデスらの報告書において参照された一つひとつの系統的レビュー等の出典は紹介していないので、詳細についてはサイデスらの報告書を参照されたい。

る傾向が確認されている。これは、刑務所収容が持つ副作用をスティグマとの関係から考えると興味深い。レビューは、拘禁刑の中では、できるだけ開放的な環境の施設のほうが出所後の再犯防止効果が高いことと、日中のほとんどの時間を単独室で過ごさせるような閉鎖的な環境では、再犯を防げないだけでなく、他の施設と比較すると暴力犯罪の再犯率が高くなる傾向があることを指摘している。

2　矯正施設の規律維持

2つ目は、矯正施設における規律の維持と安全の確保を目的とした介入の比較である。この領域のアウトカム（評価対象となる成果）は再犯ではなく、刑務所内での保安事故である。ここでは、刑務所の中で行われるさまざまなプログラムが受刑者の刑務所内での喧嘩等の事故防止に役立っているかどうかを評価している。

再犯防止と刑務所内での事故防止とでは、効果のある介入が異なる点が興味深い。たとえば、再犯防止に効果があると示されているCBT（認知行動療法）は、刑務所内での事故防止に対する有効性は見出されていない。つまり、再犯防止に有効とされている怒りの感情をコントロールするようなアンガーマネジメントについても、施設内での喧嘩防止などに関してその有効性は確認されなかったのである。その一方で、受刑者の行刑態度等によって優遇的な措置をする累進処遇やリラックス音楽を聴かせるプログラム、あるいは犬の飼育訓練（dog handling）を実施するプログラムについては、事故防止への有効性が指摘されている。保安事故防止には、アンガーマネジメントよりもリラックス音楽を聴かせるほうが効果的との指摘は興味深い。

宗教教誨については、教誨や信仰心それ自体ではなく、宗教教誨を通した仲間意識や社会とのきずな意識が高まることが、事故防止には有効であると指摘されている。刑務所内の監視カメラは衝動的な暴力防止には効果がなく、それ以外の規律違反についても多くの場合一時的に効果が認められても、その後に他の場所での事故が増えること（転移）

が確認されている。

3　心理的な働きかけ

3つ目は、心理的な働きかけが受刑者の心の健康状態に与える効果を見たものである。ここでのアウトカムは原則として心の健康状態である。

刑務所で実施されるヨガや瞑想を取り入れたマインドフルネスは、受刑者の心の健康状態だけでなく、その行動にも良好な効果が認められている。しかも、ヨガやマインドフルネスは比較的場面設定を選ばないことが特徴で、どのような環境で実施しても一定程度効果が認められている。ただし、短期集中的に実施するのではなく、長期間にわたって継続的に実施するほうが効果的だという結果が示されている。

音楽療法も、不安や抑うつ状態の改善だけでなく、自尊感情や社会性の改善に対しても効果が確認されている。ただし、20回以上継続して実施された介入プログラムにより高い効果が認められており、他のプログラムと同様に効果を持つためには実施期間や頻度の重要性が示唆されている。

また、犬の飼育訓練プログラムは、心の健康だけでなく、再犯率の低下についても有効性が確認され始めている。

その他、運動や芸術活動だけでなく、12ステップ（『依存症から回復するためのガイドライン』）などを含むスピリチュアルなプログラムも、不安の解消や人生への動機づけには有効であることが示されている。いずれにしても、これらのプログラムが有効であることが確認されたことは、安価で場所を選ばずに実施できるわりには効果が期待できる点で、矯正処遇にとって勇気づけられる結果である。

4　更生プログラム

4つ目は、更生を目的とした犯罪者処遇の効果を見たものである。これは、いわゆる施設内等で実施される再犯防止に向けた処遇プログラムの効果をレビューしたものであり、アウトカムは再犯率である。ここでは、暴力犯罪、薬物犯罪、性犯罪、少年犯罪、女性犯罪、DV犯罪など犯罪者のタイプ別に効果を比較している。

キャンベル共同計画による系統的レビューでも指摘されているとおり、各種処遇プログラムの中で一貫して効果が確認されているのは認知行動療法（CBT）を中核としたものである。CBTの中でも再犯防止に特に有望だとされているのがMRT（moral reconation therapy）とかR&R（reasoning & rehabilitation）といわれる、モラル（善悪の判断）とそれに基づく行動に働きかけるタイプの介入である。これらのタイプは、適切な道徳的状況判断を訓練する方法で、受刑者や非行少年にこれまでの人生において罪を犯してきた際の状況判断が自己破壊的な結果をもたらしてきたことを理解させつつ、より社会的に適切な状況判断と、それに従った行動ができるように訓練していくことで、自己統制力を養い、健全な行動習慣を身につけさせ、自己イメージを改善していくことを目指している[11]。モラルや道徳判断に働きかける介入ではあるが、いわゆる道徳（規範）教育とはまったくの別物である点には注意が必要である。

このタイプのCBTは、さまざまなタイプの犯罪者に有効であることが確認されている。施設内で実施するプログラムも再犯防止に有効であるが、社会内で実施するとさらに効果的であることも報告されている。ただし、依存症的側面を持つ飲酒運転を含む薬物犯罪に対する有効性は確認されていない。キャンベル共同計画の系統的レビューでも指摘されていることだが、薬物犯罪については、CBTによる介入よりも治療共同体を活用したほうが、再犯だけでなく、再薬物使用についても防止効果があることが確認されている。

なお、レビューされたエビデンスからは、CBTを含むあらゆるタイプの処遇プログラムについて、強制的参加の場合には、再犯防止に有効ではないことが繰り返し確認されている。

11　ベストセラーとなった『ケーキの切れない非行少年たち』（新潮新書、2019年）の著者である宮口幸治が提唱しているコグトレ（Cognitive ○○ Training）の中の認知ソーシャルトレーニングとも共通点がありそうである。

DVの加害者に対するプログラムについては、現在までのところエビデンスは有効なプログラムを見出していないが、これは、DVの加害者に対して強制的に参加させるタイプのプログラムが多いことが影響している可能性が高い。

いずれにしても、サイデスらは、すべての犯罪者に万能なプログラムは存在せず、なによりも介入にあたっては（本人たちの自発性による）納得のうえでの参加を基本とし、対象者の特性に応じたプログラムを実施することが再犯防止には重要であると結論づけている。

5　就労支援・職業教育

5つ目は、就労支援や職業教育の効果を見たものである。日本でも最近、受刑者に対する就労支援に力が入れられている一方で、協力雇用主等からは就労させてもなかなか定着しないとの不満も聞こえてくる。サイデスらのレビューは、今後の日本における就労支援を考えるうえで示唆に富んでいる。

ここでの結論はいたってシンプルである。アウトカムとして就労（継続）率を使った場合でも、再犯率を使った場合でも、就労支援や職業教育にとって成功のカギとなるのが、就労前の刑務所内からの外部通勤（work release）の経験である。系統的レビューを含む複数の研究が再犯防止に対する外部通勤の有効性を支持している。

これに対して、あまり効果が認められていないのが、社会内で実施される職業紹介型の就労支援である。出所直後の職業紹介型の就労支援は、一時的な雇用にしかつながらず、結果として再犯防止にもつながりにくい。ただし、就労カウンセラーなどの専門職が継続的にアフターケアを行っている場合には、就労継続率や再犯率の改善に有効であることが確認されている。つまり、就労支援を有効なものとするためには、施設内にいるときからの社会内での就労体験が重要である。なおかつ、就労を継続させ、結果として再犯防止につなげるためには、相当期間の就労継続支援が必要だということである。まさに、現在の日本の就労支援に不足しているのがこの点である。

また、一点指摘しておかなければならないことは、こうした就労支援も少年に対する有効性については確認されなかったという点である。これまでのエビデンス研究でもたびたび指摘されていることだが、ドラッグコート[12]など成人に対しては効果が確認された介入であっても、少年に対しては同様の効果が確認されなかった例は少なくなく[13]、その意味でも発達段階を含めてそれぞれのニーズに応じた介入の重要性、つまり少年と成人とでは異なる介入が必要であることが示唆されている。

6　保護観察

6つ目は、仮釈放を含む保護観察のマネジメントの効果を見たものである。ここで評価対象となっているのは、仮釈放と満期釈放における再犯率の差や、保護観察の在り方が再犯率に対して持つ効果である。

最初の点については、当然のことではあるが、何の指導も援助も行われない満期釈放よりも一定の働きかけのある仮釈放のほうが再犯率を低下させることが確認されている。保護観察の在り方（介入の方法や介入の理念）の効果については、保護観察指導の密度、保護観察官のケース負担、遵守事項違反に対する措置、保護観察の基盤となっている基本理念などが再犯率に対して持つ効果について検討されている。

興味深いことに、このレビューでは、保護観察における指導理念の重要性が明らかとなっている。監視対象としてではなく人としての保護観察対象者を支援の中心とする指導理念を持っていることが、保護観察成功の鍵だと著者らは結論づけている。その関連として、シームレス（隙間のない）で、対象者のニーズに合った働きかけが再犯率を低下させることも指摘している。これらを前提としたうえで、一般的には効果がないとされている集中保護観察[14]についても、再犯について高リスクの対

12　違法薬物などの自己使用など依存症が原因となる犯罪に特化し、刑罰を科すのではなく治療を義務付けるなどの処分によって依存症から更生させることを目的とした特別裁判所。

13　Mitchell O., Wilson, D., Eggers A., & MacKenzie D. (2012). Drug courts' effects on criminal offending for juveniles and adults. Campbell Systematic Reviews, 8(1), 1-87.

象者に対する（監視ではなく）治療的な介入による集中保護観察や規律違反に対する確実かつ一貫した不良措置[15]についても、ある程度再犯防止に対する有効性が見出されている。

その一方で、低リスクの対象者に対しては、低密度の保護観察でも十分に再犯を防止する効果が期待できるとも指摘している。費用対効果を含めて、選択と集中が重要であるということである。

7　環境調整

7つ目は、出所に向けた環境調整の効果を評価したものである。一般的に受刑者は、精神障害、薬物依存、ホームレス、失業などさまざまな問題による生きづらさを抱えている。加えて、刑務所に拘禁されることで人間関係や社会とのつながりが途絶えてしまう。そのため、刑務所から出所して円滑に社会復帰をするためには、環境調整を中心とする様々な準備的介入が必要となる。日本で行われている保護観察所による環境調整や地域生活定着支援センターが行っている特別調整[16]などがこれにあたる。

これまでに指摘してきたように、社会適応を円滑にするための、受刑者のニーズに応じた介入には再犯防止効果が認められており、その一環として行われるさまざまな環境調整にも効果が確認されている。その中でもとくに有望なのが、有機的な多機関連携である。重大犯罪者や暴力犯罪者など複数の問題を抱えている者を円滑な社会復帰に導くためには、その問題性に応じた多様な支援が必要となり、多機関連携はそれを可能とする。また、再犯リスクの高い受刑者や障害を持つ受刑者に対しては居住支援が有効であること、さらには精神障害を持つものに対し

14　保護観察官による介入頻度を増やす保護観察で、通常は週1回の報告を毎日求めたりする。

15　保護観察が定めた遵守事項に違反した際にとられる保護観察の取消しなどの処分。

16　高齢または障害のために自立した生活をすることが困難であるのに、身寄りがなく、福祉的支援が必要な状況にありながら、適切な支援体制が確保されないまま出所し、社会復帰を果たすうえで困難な状況に陥っている者を対象とした、釈放後速やかに必要な介護・医療・年金等の福祉サービスを受けることができるようにするための取組み。

てはその問題性に応じた介入が有効であることも確認されている。

重要な知見としては、就労支援と同様に、家族や親密な関係にあった者たちとの関係を補強するような働きかけを出所前に行うことが、再犯防止には効果が高いことが指摘されていることである。とくに出所前に家族の許への一時帰休を認めたり、社会内での就労体験をさせたりすることが有効であると指摘されている。

8　刑務所代替刑

8つ目は、刑務所に代わる代替刑の効果を評価したものである。ブート・キャンプ[17]や電子監視、性犯罪者に対する居住制限などが代表的な代替刑である。

ブート・キャンプについては、キャンベル共同計画の系統的レビューによってすでに、再犯防止に対して有効でないことが確認されている。電子監視についても同様にその効果が否定されているが、サイデスらは電子監視が刑務所に対する代替刑として、治療的な働きかけの中で使われた場合には、費用対効果の点から考えると、少なくとも刑務所に入れることよりも有用な選択肢であると指摘している。

性犯罪者に対する居住制限については、彼らの居住環境を不安定なものとするため、遵守事項違反を含めて再犯率は悪化することが確認されている。

9　組織体制

最後は、組織のマネジメントが介入（処遇プログラム）に与える効果を評価したものである。CBTのように再犯防止等に効果があると確認された処遇プログラムであっても、それが意図されたとおりに実施されなければ効果は期待できない。実施スタッフのスキルが不足していたり、彼らのモチベーションが十分でなかったりすれば、意図された効果は得ら

17　軍隊式の教育・訓練プログラム（新兵訓練）。集団行動や連帯責任、上官に対する絶対服従などが特徴で、厳しい訓練を通して責任感や達成感を体験させることも目的としている。

れない。ここでの結論は、適切な介入を実施し、効果を上げるためには、処遇に参加するスタッフのモチベーションを挙げるためのチーム作りや、スタッフに対する適切な研修が必要不可欠であるということである。

サイデスらは、矯正介入のエビデンスに関して、万能なプログラムは存在しないとしたうえで、問うべきは、何（どのような介入）が、どのような対象に対して、どのような環境の下で実施した場合に効果を持つのかということであると述べている。

おわりに
――エビデンスから見た日本の矯正保護の進むべき方向性

エビデンスを総合的に検討して、まず言えることは、威嚇や監視を主な手段とした介入はあまり効果がないということである。保護観察においても、対象者の監視ではなく、人を中心とした（対象者のリスクやニーズに応じた）処遇理念を持っていることが再犯防止には重要であることが確認されている。キャンベル共同計画の系統的レビューにおいても、少年に対する夜間外出禁止[18]やブート・キャンプ[19]など、外側から押しつける形での規制や規律に頼った介入に再犯防止の効果が確認できなかったのは、そこに一人ひとりの個性を持った人という視点や彼らの成長（問題対応能力）を促すという視点が欠けているからであろう。

一方で、個人に対する介入の場合には、CBTのように認知の歪みを修正し、自己統制力を高めるためのスキルを身につけさせるような介入は、それによって自発的な行動変容が促され、それが自己イメージの改

---

18 Wilson D. B., Gill, C., Olaghere, A., & McClure, D. (2016). Juvenile Curfew Effects on Criminal Behavior and Victimization: A Systematic Review. Campbell Systematic Reviews, 12(1), 1-97（山田早紀訳「（抄録）青少年の夜間外出禁止は犯罪や犯罪被害の減少に効果がない」龍谷大学・犯罪学研究センター・キャンベル計画日本語版、刑事司法カテゴリ〈https://crimrc.ryukoku.ac.jp/campbell/library/pdf/crimejustice/cj3_jp.pdf〉）。

19 Wilson, D.B., MacKenzie, D.L., & Mitchell, F.N. (2005). Effects of Correctional Boot Camps on Offending. Campbell Systematic Reviews, 1(1)（橋本牧子訳「非行・犯罪に対する 矯正ブート・キャンプの効果」〈https://crimrc.ryukoku.ac.jp/campbell/library/pdf/crimejustice/cj18_review_jp.pdf〉）.

善にもつながることで再犯防止を可能とすることも確認された。また、CBTのように対象となる問題行動の適用範囲が比較的広い介入においても、強制された場合には効果はなく、再犯防止には、対象者が自発的に参加の意欲を持つことや、頻度や期間も含めて対象者のニーズや問題性に対応した介入が重要であることも明らかとなった。これらの知見は、最近よく使われる、リスク・ニーズ・リスポンシビティ（RNR）原則、つまり、処遇は対象者にとって重要なリスクに集中すること（リスク原則）、処遇は犯罪を誘発する要因に限定して行うこと（ニーズ原則）、処遇は対象者の応答性を高めるように実施すること（応答性原則）とも整合するものである。

刑務所における宗教教誨についても、宗教的な働きかけそのものではなく、教誨を通して仲間意識や社会とのつながりの意識が高まることが刑務所内での事故防止に有効だという点も興味深い。再犯防止を有効に機能させるためには、人とのつながりやプライド（自尊感情）を高めることが重要な鍵となりそうである。おそらく、刑務所での犬の飼育訓練が施設内での事故防止、心の健康、さらには再犯防止にも有効であるとの結果が得られたのは、それが受刑者の自尊感情を高める効果を持っているためなのではないだろうか。

また、施設内処遇の場合、できるだけ社会環境に近い開放的な環境での処遇が効果的であり、円滑な社会復帰を促す意味でも、釈放前に家族のもとに一時帰休させることや外部通勤をさせることが、居場所と出番の確保とその継続、結果としての再犯防止には重要であることが確認された。刑務所が社会から孤立せず、社会との垣根をできるだけ取り払うことが再犯防止には重要なのである。イタリアのボラーテ刑務所の改革（170頁参照）は理（エビデンス）に適っているということである[20]。薬物犯罪者については、治療共同体による介入が、再犯の防止だけでなく、再薬物使用の防止にも有効であることが確認された。日本の受刑者

20　浜井浩一「再犯率60%から18%へ　ミラノ・ボラーテ刑務所の奇跡——社会協同組合と刑務所文化の破壊」季刊刑事弁護89号（2017年）143〜151頁。

の約3割は覚醒剤等の依存症者であり、刑の一部猶予者の多くが薬物依存症者であることを考えると、再犯防止のためには、現在のような刑務作業中心の処遇ではなく、治療共同体的な施設内処遇[21]の導入を促進すべきであろう。

さらに、現在、日本においても力を入れている就労支援においては、施設内にいるときから社会での就労を経験させること、さらには出所後も継続的に専門的な支援を実施することが、就労の継続や再犯防止に重要であることが確認された意味は大きい。今後、日本の就労支援をより有効なものとするためには、刑務所からの外部通勤の積極化と出所後の就労継続支援に取り組んでいく必要がある。

現在、先進国の犯罪者処遇の分野では、CBTを積極的に導入するなどエビデンスに基づいた実務が展開されつつある。しかし、その一方で、再犯を増加させるというエビデンスが繰り返し提示されているにもかかわらず、スケアード・ストレイトはメディアで取り上げられ、全米で実施され続けている。厳罰化よりも立ち直り支援のほうが再犯防止には有効だというエビデンスがどれだけ示されても、日本を含め多くの政府において重大犯罪に対しては厳罰化が推し進められている。

キャンベル共同計画のようにエビデンスを作り出すことは重要である。しかし、それと同時に、エビデンスをどのように政策決定者に伝え、政策に生かすのかということを考える、リスク・コミュニケーションの視点がなければせっかくのエビデンスも生かすことができない。スウェーデンを含めて北欧の刑事政策が厳罰化よりも立ち直り支援を重視することができているのは、リスク・コミュニケーションの結果、政府や市民がそうした政策を支持しているからである。その意味で、市民を含めたステークホルダーの間でのリスクやエビデンス・コミュニケーションの視点が、今後のEBP推進の大きな課題である。

---

21 島根あさひ社会復帰促進センターにおける治療共同体の取り組みを紹介した映画、坂上香監督『プリズンサークル』が参考になる〈https://prison-circle.com/〉。

第10章

犯罪生物学の過去・現在・未来
——脳・遺伝と犯罪

はじめに

犯罪学は、犯罪やその対策を科学的に研究する学問分野である。犯罪とは、原則として（個）人が犯すものである。そして、人がなぜ犯罪をするのか、その原因に対するアプローチにはさまざまな枠組みが存在する。たとえば、国や社会によって犯罪の発生率は異なる。犯罪が起こりやすい社会もあれば、起こりにくい社会も存在する。その理由を探り、原因を見つけようとするのが犯罪社会学である。

それに対して、同じ社会に暮らし同じような境遇にあっても、犯罪をする人としない人がいる。その理由を探り、個人の中に犯罪の原因を見つけようとするのが犯罪精神医学、犯罪心理学や犯罪生物学などである。犯罪精神医学や犯罪心理学は、犯罪の原因を何らかの精神障害（疾患）や人格等の異常性といった、人の心（精神）の中に求めようとし、犯罪生物学は、それを脳や遺伝子といった、生物学的（器質的）な異常性の中に求めようとする。

本章では、近時、脳科学やDNA解析等の発展とともに急速にその存在感を増しつつある犯罪生物学に焦点を当て、その限界と可能性について検討する。

犯罪（生物）学の誕生とロンブローゾの生来性犯罪人

19世紀に入り、犯罪原因に対して初めて科学的な視点を取り入れたのが、イタリア人チェーザレ・ロンブローゾ[1]である。ロンブローゾは、トリノ大学に犯罪人類学講座を開設する一方で、医師として刑務所や精神病院でも活動していた。そして、刑務所に収容された受刑者を対象にさまざまな実証的研究を行った。当時は衛生環境の悪い刑務所で死亡する者も少なくなく、ロンブローゾは彼らの遺体を解剖し、脳を取り出し、その外形や重量なども測定した。彼の関心は、犯罪者を特徴づける身体的または精神的な特徴を見つけ出すことにあった。彼は、同時代の科学者の多くがそうであったように、チャールズ・ダーウィンの進化論の影響を強く受けていた。そして、犯罪者は進化が遅れた（先祖がえりした）存在で、健常者と比較して類人猿に近いのではないかと考えるようになったのである。そのため、ロンブローゾは、犯罪者の外形的な特徴に注目し、犯罪者は通常よりも小さな脳、厚い頭蓋骨、大きなあご、狭い額、長い腕といった特徴を持っていると発表し、犯罪者の中には生まれつき犯罪者になることを宿命づけられた「生来性犯罪人」が存在すると結論づけた。

犯罪学の教科書においてロンブローゾが高く評価されているのは、この「生来性犯罪人」の発見ではなく、その「生来性犯罪人」が存在するという仮説を、受刑者等の身体的特徴を測定することで実証的に証明しようとした点にある。結果として、彼の仮説は、エミール・デュルケムの流れを受け継ぎ犯罪における環境要因を重視するフランス環境学派等から批判され、イギリスの研究者がロンブローゾと同様の調査をした結果、受刑者と一般人の間に身体的特徴上の有意な差は認められなかったとして否定されている[2]。ある意味、ロンブローゾの「生来性犯罪人」は、彼が行った実証的な方法によって否定されたことになり、それを可能としたことが科学としての犯罪学の発展につながったという点で高く評価されているのである。

1　トリノ大学に「犯罪人類学博物館（Museo di Antropologia Criminale “Cesare Lombroso”）」があり、ロンブローゾの研究室や研究資材が展示されている〈http://museolombroso.unito.it/index.php/it/〉。

2　瀬川晃『犯罪学』（成文堂、1998年）61〜62頁参照。

ガルの骨相学

ロンブローゾは、進化論だけでなく、19世紀初頭にフランツ・ヨーゼフ・ガルによって生み出された骨相学の影響も受けていた。骨相学とは、こころ（心）が心臓ではなく、脳を基盤としていると考えられるようになったころに生み出されたものである。

ガルは、頭の良いとされている知り合いが一様に頭が大きいことに着目し、脳の発達が、さまざまな行動や能力と関係しているのではないかと考えるようになった。つまり、脳の発達が知的能力と関係していると考える一方で、脳の働きはその部位によって異なり、頭の形を見れば、脳のどこが発達しているかがわかるはずだと考えたのである。骨相学は、脳は心の活動に対応するさまざまな器官の集合体であり、それぞれの器官・機能の特徴が頭蓋の形状に現れると考えた。ロンブローゾが犯罪者の頭蓋骨や脳に関心を持ったのも、骨相学の影響を受けたからである。

たとえばガルは、右耳の後部は人の暴力傾向と関係しており、そこが出っ張っているものは暴力的傾向が強いと考えていた。もちろん、脳の機能や脳の各部位の大きさは、よほどのことがない限り頭蓋骨の形状に反映されるわけではなく、その後の大脳生理学等の発達によって否定され、骨相学は手相占いのような存在へと変貌し科学的な役割を終えていったが、後で紹介する脳科学の発達によって脳本体の形状や活動状況自体を測定できるようなったことから、新たな形で復活を遂げつつある。

ゴダードとカリカック家

20世紀に入り、犯罪学の関心は脳の形態ではなく、脳が生み出す能力へと移っていった。

アメリカにフランスで開発されたビネー式の知能検査を紹介したヘン

リー・ゴダードは、矯正施設の少年たちに知能検査を実施し、50%以上の者が知的障害に分類されると報告した。また彼は、カリカック家として有名な家系調査を行った。ゴダードは、デボラ・カリカックという障害を持つ女性の家系調査を行い、18世紀の独立戦争時のマーティン・カリカックという男性にまでに遡っている。マーティンは、戦争中に知的障害があるとされる女性との間に子どもをもうけたが、帰郷後、健常な女性と正式な結婚をしてそちらでも子孫を残している。ゴダードは、このマーティンの子どもを生んだ2人の女性のその後の家系を調査し、知的障害の女性の子孫には、多数の知的障害者、性的非行者、犯罪者などが生まれたのに対して、健常な女性の子孫のほとんどすべての者が正常であったと報告している。そしてゴダードは、犯罪の原因は知的障害にあり、知的障害は遺伝すると結論づけたのである。

カリカック家そのものについては、その後の研究で、ゴダードが知的障害だと判断した根拠が不鮮明な1枚の写真であったりするなど、その妥当性・信頼性に疑問が投げかけられている。現在、知的障害が犯罪の原因だと考える犯罪学者はほとんどいないが、同時に、世界中の刑務所や少年院に収容されている人たちの知能検査の結果(IQ)が、平均よりもかなり低いことは事実である。それは日本でも同様である。IQは、貧困や社会的成功、社会不適応とも関係が深いことが知られており[3]、刑罰が有する強い逆進性[4]によって、知的障害者は刑事司法の中で不利益な扱いをされやすいことが指摘されている[5]。

ロンブローゾの「生来性犯罪人」にせよ、ガルの骨相学にせよ、当時の犯罪生物学は、生まれながらに暴力的な人間がいることを示唆している。また、ゴダードを含め彼らは暴力性などの犯罪性は遺伝すると考え

3 Herrnstein, R. J., & Murray, C. (1996). *The Bell Curve: Intelligence and Class Structure in American Life. Free Press.*

4 消費税などと同様に、すべての人に平等に科される刑罰には強い逆進性が存在する。懲役刑などの実刑を回避するためには被害弁償を含む示談や身元引受人などが必要となるため、ホームレスなど社会的弱者は実刑となりやすい。

5 浜井浩一『実証的刑事政策論』(岩波書店、2011年)。

ていたため、特定の遺伝子を排除するといった優生学や断種などの差別につながる危険性を持っていた。その結果、犯罪生物学は、人権の観点からも攻撃の対象となりやすく、さまざまな批判的研究を通して学説自体が誤りであったと否定されていった。

遺伝と犯罪

このように犯罪生物学は、生まれによってすべて決まってしまうという決定論や優生学的な思考に陥りやすい危険性を持ち、人権派等からの批判も受けやすく、生物学的な観点から犯罪原因を研究しようとする者は次第に少なくなっていった。そのような中で、20世紀後半に遺伝と犯罪との関係を研究し続けたのが、サルノフ・メドニックである[6]。

ゴダードによる家系研究は、そもそも事例研究であり、その恣意的な分析手法を含め科学的妥当性に大きな問題があった。そのため、その後、知能や人格などの個人の特徴が遺伝(生まれ)によって決まるのか、それとも教育などの環境(育ち)によって決まるのかを科学的に研究する方法としては、双生児研究や養子研究が主流となった。欧米のように里親制度などが発達している社会では、一卵性双生児を含めて兄弟が養子に出され、別々の家庭で育てられることが少なくない。養子研究では、子どもが養父母と実父母のどちらの特徴をより多く受け継いでいるのかを調べることで、生まれと育ちのどちらの影響が強いのかを比較することができる。さらに一卵性双生児の場合には、別々の家庭で育てられた2人を比較することで、遺伝の影響も調べることができる。

メドニック[7]は、デンマークで青少年を対象に大規模な養子研究を行った。そして、有罪歴のある実親を持つ子どもが将来有罪判決を受ける確率が、そうでない場合と比較して高いことを報告した。さらに、育ての

6　Rowe, C. D. (2002). *Biology and crime. Roxbury*(津富宏訳『犯罪の生物学』〔北大路書房、2009年〕).

7　Mednick, S., Gabrielli, W. F. Jr., & Hutchings, B. (1984). Genetic Influences in Criminal Convictions: Evidence from an Adoption Cohort. *Science, 224,* 891-893.

（養）親に有罪歴があり、実親にも有罪歴がある場合、子どもが有罪判決を受ける確率は約25%であったのに対して、実親に有罪歴がない場合には15%であったことを報告している[8]。メドニックは、養子研究の結果、子どもが将来犯罪をするかどうかには、実親の犯罪歴のほうが養親のそれよりも強い影響を与えていること、実親・養親ともに犯罪歴のある場合にはその確率はさらに高まるということを見出した。つまり、犯罪に関していえば、生まれと育ちの両方が子どもの人生に影響を与えるが、生まれの影響のほうが強いということである。さまざまな文献に紹介された一卵性の双子研究によると、異なる環境で育てられた双子の片方に犯罪歴がある場合、もう片方にも犯罪歴がある確率は5割程度であると報告されている[9]。ただし、犯罪は人が構築した概念であり、同じ行為をした人すべてが検挙されるわけでも、有罪となるわけでもない。そこで、最近の双生児研究では、より客観的に測定が可能なように設計された攻撃性という指標が用いられることも少なくない。そして、そうした研究でも犯罪の場合と同様の結果が報告されている[10]。

遺伝という観点からは、少年非行のライフコース研究で著名な心理学者テリー・モフィットがアブシャロム・カスピらとの共著で、雑誌「サイエンス」に興味深い論文を発表している[11]。この論文の重要性は、ある種の遺伝的・生物学的な要因が、社会的要因との相互作用を通して犯罪と結びつく可能性を指摘した点にある。モフィットらは、ニュージーランドのダニーデンにおいて1,000人以上の子どもを対象に、3歳から21歳まで追跡調査（定期的に行動傾向や虐待等について調査）を実施してい

8　これは、比較的治安の良いデンマークでの調査であるため、有罪を受けた罪名のほとんどが窃盗犯であり、暴力犯罪についてはサンプル数が少なく同様の有意な関係は見出されていない。Rowe・前掲注6訳書32頁以降参照。

9　Raine, A. (2013). *The anatomy of violence: the biological roots of crime.* New York: Pantheon Books（高橋洋訳『暴力の解剖学――神経犯罪学への招待』〔紀伊国屋書店、2015年〕75頁以降）参照.

10　Pinker, S. (2011). *The better angels of our nature: Why violence has declined. New York: Viking*（幾島幸子＝塩原通緒訳『暴力の人類史（下）』〔青土社、2015年〕430頁以降）参照.

11　Caspi, A., McClay, J., Moffitt, T. E., Mill, J., Martin, J., Craig, I. W. & Pulton, R. (2002). Role of Genotype in the Cycle of Violence in Maltreated Children. *Science, 297,* 851-854.

る。そして、低レベルのMAOA（モノアミンオキシダーゼA）酵素をもたらす遺伝子[12]傾向（を持つ子どもたち）が後に虐待を受けると、反社会的行動と結びつくことを発見したのである。後で紹介するが、この研究は、その後、被虐待経験が前頭前野や大脳辺縁系等[13]の発達を阻害し、暴力傾向と結びつくといった研究へとつながっている。残虐な殺人事件を起こした加害者の多くに、酷い虐待経験を持つ者が多いことはよく知られていたが、そこに生物学的な根拠のあることがわかってきた。

サイコパスと遺伝

ここで遺伝と犯罪にまつわる一つ事例を紹介しよう。神経犯罪学者のエイドリアン・レインは、その著書『暴力の犯罪学』[14]の中で、次のような連続殺人犯の例を紹介している。

その殺人犯の名前はジェフリー・ランドリガンという。彼は一度も実父の顔を見ることなく誕生・成長し、実母は生後8カ月の彼をデイケアセンターに置き去りにしている。幸いなことにジェフリーは、健全かつ教育歴も高い（養父の職業は地質学者）家庭に養子として引き取られ、愛情を受けて育てられた。しかし、2歳の段階で感情統制の悪さが目立つようになり、10歳から飲酒を始め、11歳のときに強盗で警察に逮捕されている。その後も薬物に依存し、犯罪を繰り返し、少年矯正施設に送られ、20歳のときに些細なことで友人を刺殺し、刑務所に収容されたが、その刑務所を脱獄して再び殺人を行い、死刑判決を受けている。死刑囚として刑務所に収容された際に、別の刑務所に彼と瓜二つの受

---

12 MAOA遺伝子とは神経伝達物質セロトニンを分解する酵素であるモノアミン酸化酵素Aをコントロールする遺伝子で、セロトニンは感情と行動を支配する神経伝達物質であり攻撃性、衝動性にも関係があるとされる。MAOAの脳内量は、ヒトや実験動物の研究から不安などの情動や攻撃性などの社会性に関わる行動と関連性があると報告されている。

13 大脳半球の内側および底面にあたる梨状葉、海馬回、帯状回、後眼窩回、側頭極などとその基底核である扁桃核、中隔核や、視床下部も含めて大脳辺縁系という。つまり、扁桃体は大脳辺縁系に含まれる。

14 Raine・前掲注9書。

刑者、ダレル・ヒルという人物がいることを知らされる。実の父親であった。そして、ダレルの犯罪歴は、ジェフリーのそれとほとんど重なっていた。ダレルは幼い頃から犯罪への道をひた走り、薬物に溺れ、2度殺人を起こし、刑務所からの脱走歴もあった。一度も出会ったことのない2人は、外見も犯罪歴も瓜二つだったのである。話はそれだけで終わらない。ダレルの父親、つまりジェフリーの祖父も、強盗を働き警察官に射殺されていた。

もちろん、これは単なる一つの事例にすぎないし、科学的なエビデンスとはいえない。しかし、単なる偶然と割り切れることなのか。犯罪者の血を持った幼児が、健全な家庭で育てられても、その遺伝的運命から逃れられなかったのはどうしてなのだろうか。

脳と犯罪

前述のように、犯罪学の分野で生物学的な視点から犯罪原因を研究している者は少ない。その中で一人気を吐き続け、最近注目を集めているのがエイドリアン・レインである。先に紹介したように、彼は、彼自身がこれまでに行ってきた生物学的な犯罪研究をまとめ、2013年に『暴力の解剖学』を出版した。筆者は、2015年にワシントンで開催されたアメリカ犯罪学会でレインの著書を批評するセッションに参加したことをきっかけに、レインを2017年に龍谷大学で開催した日本犯罪社会学会の年次大会の基調講演に招聘した。本章では、その講演の内容を中心にレインの研究の一端を紹介したい。

レインは、講演の中で、41人の殺人犯と年齢や性別等が同じ41人の健常者の脳のPET（陽電子放出断層撮影）画像の比較を行った。その画像を見ると、殺人犯は健常者と比較して前頭前皮質（前頭前野）の状況が明らかに不活性（機能不全）である様子が認められた。前頭前皮質は、合理的な思考や衝動性のコントロールを担っているとされる。しかし殺人犯は、この部分がうまく機能していないのである。レインによると、これは多くの衝動的な殺人犯に共通した特徴である。

しかし、すべての殺人犯が同じではない。サイコパス傾向を持つ連続殺人犯の場合には、一般的な殺人犯と異なり前頭前皮質が非常に活性化されている者がいる。レインは、その実例としてランディ・クラフトというカリフォルニア州において64人を殺害した連続殺人犯の脳画像を紹介した。ランディは、12年間にわたって逮捕されることなく計画的にターゲットとなる男性を見つけては、飲み物に薬を入れ、その男性をレイプした後に殺害し続けた。そして、殺害現場からすべての痕跡を取り除き、翌日は何食わぬ顔をしてコンサルタントとして出勤していたのである。こうした犯行を成し遂げるためには、自分をしっかりとコントロールして、計画的に犯行を実施する能力が不可欠であり、彼の脳画像は、他の衝動的殺人犯とは異なり、それを可能とする前頭前皮質が非常に活性化されていた。こうした説明をした後で、レインは自分の脳だと言いながら1枚の脳画像を示した。それはランディの脳画像と酷似していた。つまり、殺人犯には共通する脳の特徴があるとしても、その特徴を持つ者すべてが殺人犯になるとは限らないのである。

レインの講演の中で筆者がとくに関心を持ったのは、脳の大脳辺縁系にある扁桃体といわれる部分と犯罪や反社会性との関係である。扁桃体は情動を司る部分である。私たちが不安や恐怖を感じるのも、この部分の働きによる。サイコパスまたは反社会性人格障害といわれる人たちは、その特徴として、恐怖や良心の呵責を感じにくい傾向があるといわれている。彼らは危険に際しても心拍数が上昇しない。だから、殺人を実行する際にも恐怖を感じないし、その結果に後悔も感じない。レインの学生[15]であったヤリン・ヤンらは、27人のサイコパスと32人の正常群を比較した研究を行った結果、サイコパスの脳は、扁桃体の体積が正常群よりも18%小さいと報告している。つまりサイコパスといわれる人たちが殺人

---

15 Yang, Y., Raine, A., Narr, K. L., Colletti, P., & Toga, A. W. (2009). Localization of deformations within the amygdala in individuals with psychopathy. *Archives of General Psychiatry, 66(9), 986-994.*

等に対して恐怖を感じたり、良心の呵責や恥ずかしさを感じたりしないのは、扁桃体の働きが弱いからなのである。

ランディのようなサイコパス殺人者には前頭前皮質が発達している者も少なくないが、同時にサイコパス傾向の高い人ほど扁桃体の活性度が低いことは、さまざまな研究で明らかになりつつある。つまり、サイコパスといわれる人が凶悪な殺人の実行に対して躊躇が少ないのは、善悪を判断し行動する際に、その行動に伴う情動が十分に機能していないからなのかもしれないのである。

刑法において責任能力とは、物事の是非・善悪を判断し、かつそれに従って行動する能力をいう。サイコパス傾向のある犯罪者は、前頭前皮質が発達しているため、良いことと悪いことの違いを認識できる。人を殺すことは悪いことだとわかっているのである。しかし、悪いことをしているという（不安、恐怖や罪悪感といった）感情を持つことができず、結果として善悪の判断に従って行動する能力が健常者よりも弱いといえるのかもしれない。人は、道徳的な判断に感情が伴ってはじめて道徳的判断に基づいて行動できる。となると、道徳的な感情を持ちにくいサイコパスの責任能力はどう考えるべきなのだろうか。

虐待と脳

マスコミに取り上げられるような凶悪殺人犯の中に、幼少期に激しい被虐待経験を持つ者が少なくないことはよく知られている。『脳が殺す』[16]の中で、著者のジョナサン・ピンカスは、この事実を確認した後で、同じように激しい虐待を受けて育った兄弟全員が殺人犯となるわけではないことを指摘しつつ、「幼児期の虐待」に、「前頭葉の機能不全」と「精神病質的傾向」という2つの条件が重なったときに殺人者が生まれやす

---

16 Pincus, J. H. (2001). *Base Instincts: What makes killers kill?.* W. W. Norton（田口俊樹訳『脳が殺す』〔光文社、2002年〕）.

いと指摘している[17]。

日本でも、1999年に山口県光市で発生した母子殺害事件の加害者は、父親から激しい虐待を受けて育っただけでなく、母親の自殺を目撃するといった酷い体験をしている。筆者が刑務所に勤務していた際に出会った殺人願望の強い受刑者も[18]、幼少期に父親から激しい虐待を受けていただけでなく、暴力に耐えられなくなった母親が彼を置いて逃げ出し、父親のもとに自分だけが取り残されるという体験をしていた。殺人犯に限らず、少年院に収容されている非行少年の中に被虐待体験を持っていない者は少ない[19]。

第5章でも紹介したが、最近、脳の発達と虐待について興味深い研究が発表された。福井大学の小児科医である友田明美は、ハーバード大学との共同研究によって、児童虐待が脳の発達に強いダメージを与えることを見出したのである。友田らの研究によると、幼児期に虐待ストレスを受け続けると、感情中枢である扁桃体が異常に興奮し、副腎皮質にストレスホルモンを出すよう指令を出す。その過剰なストレスホルモンが脳の発達にダメージを与える。ハーバード大学との共同研究で友田らは、虐待を受けると前頭葉が小さくなり、自己統制力が弱くなったり、凶暴になったり、集中力が低下したりすることを見出した。また、身体的な虐待を伴わない言葉の虐待によっても脳の聴覚野が変形し、聴こえや会話、コミュニケーションがうまくできなくなったりする。さらに、子どもに対する直接的暴言だけでなく、両親間のDVや口論を目撃するだけで脳の視覚野が小さくなり、それによって他人の表情がわかりにくくなったり、対人関係がうまくいかなくなったりする可能性があることもわかってきた[20]。

17　ピンカスは、2001年の段階で、虐待が道徳性や倫理性と関連する神経回路の発達に影響を与える可能性に言及している。

18　この人は、知的能力が高く、殺人衝動とそれに伴う突発的な攻撃行動以外の点では模範受刑者でもあった。

19　法務総合研究所研究部『児童虐待に関する研究（第1報告）』研究部報告11（2001年）。

20　友田明美「被虐待者の脳科学研究」児童青年精神医学とその近接領域57巻5号（2016年）719〜729頁。

友田は、前頭前皮質の成長は20代後半まで進行することを指摘する一方で、感情や報酬に対する感受性を制御している大脳辺縁系の発達は、前頭前皮質が未熟な10歳頃に成熟が促されるため、10代の若者が非行などの危険な行動に走りがちなのは、感情を司る大脳辺縁系と衝動的行動を制御する前頭前皮質との成熟上のアンバランスが背景にあると指摘している。これらの結果を受け、友田は、10代の若者の脳には可塑性があり、環境を整えることでこのアンバランスを補正することが可能であり、非行の解決には刑罰よりも保護処分が適切だと主張している[21]。

世界的に著名な神経科学者であるデイビッド・イーグルマンも、10代の脳は、対人関係の不器用さや情緒的な過敏性に加えて、危険を冒しやすい傾向にあると指摘している。成熟した快楽追求のシステムが未熟な（眼窩）前頭前皮質と組み合わさることで、10代は成人よりも感情をコントロールできないことが脳科学によってわかってきたのである[22]。

これまで心理学や精神分析学の分野では、児童虐待を含む保護者による不適切な子どもへの対応が心の発達にさまざまな影響を与えることが指摘されてきた。発達心理学者のジョン・ボウルビィは、有名な愛着（アタッチメント）理論の中で、3歳児ぐらいまでの間に温かく親密な母子関係が不足すると子どもの情緒の発達が阻害され、非行などの問題行動を引き起こしやすいと指摘している[23]。精神分析学の分野でも、ジグムント・フロイトは、不適切な衝動等にブレーキをかけるにはしつけによる超自我の形成が必要であると指摘するなど、多くの心理学理論が、安定した親子関係が無意識を含む子どもの心の発達に重要であることを指摘している。

犯罪学の分野でも、マイケル・ゴットフレッドソンとトラビス・ハーシー

21　友田明美「脳科学・神経科学と少年非行」犯罪社会学研究42号（2017年）11～18頁。

22　Eagleman, D. (2015). *The Brain: the story of you. New York: Pantheon Books*（太田直子訳『あなたの脳のはなし――神経科学者が解き明かす意識の謎』〔早川書房、2017年〕）.

23　Bowlby, J. (1946). *Forty-Four Juvenile Thieves: Their Character and Home-Life (2nd ed.). London: Bailliere, Tindall & Cox.*

は、『犯罪の基礎理論』[24]の中で、犯罪や非行の背景に低いレベルの自己統制（セルフ・コントロール）が存在し、自己統制力の不足は幼児期までの保護者による不適切なしつけに起因すると指摘している。自己統制力を身につけられなかった子どもたちは衝動的で、危険なことに対する抵抗が弱く、目先の欲求に従って短絡的に行動しやすいというのである。そうした子どもたちは、安定した人間関係を築きにくく、学校や職場をドロップアウトし、犯罪行為を起こしやすい。これらの心理学的な理論に共通していることは、乳幼児期の保護者との適切な関係性が子どもたちの心の発達には重要であり、しかもそれは、ある時期（就学年齢以降）を過ぎると修正（回復）が困難となることを指摘している点である。

ノーベル経済学賞を受賞したジェームズ・ヘックマンは、教育の経済的効率性の観点から米国で行われた教育実験の結果を分析し、就学後よりも就学以前の幼児教育が、自己統制能力・忍耐力・協調性などの非認知的スキルの持続的な形成に強く影響し、それが成人後の人生の成功に大きく関与していると指摘している[25]。先に、低いMAOA酵素をもたらす遺伝子傾向を持つ子どもたちが虐待を受けると、反社会的行動を起こしやすいことをモフィットらが発見したことを紹介したが、これまで、子どもの心の発達は無意識を含めて目に見えない心の理論としてのみ存在していたが、脳科学の発達によって、目に見える形でこうした心の理論の妥当性が検証されるようになってきたのである。

日本犯罪社会学会の機関誌・犯罪社会学研究42号は、課題研究として「脳科学と少年司法」を特集しているが、その中で山口直也[26]は、人間の認知機能を司る前頭前野が25歳ぐらいまでは不完全な状態にあることが解明されたことによって、米国連邦裁判所の少年に対する刑罰姿勢

---

24 Gottfredson, M. R., & Hirschi, T. (1990). *A general theory of crime. Stanford University Press*（松本忠久訳『犯罪の基礎理論』〔文憲堂、1996年〕）.

25 Heckman, J. J. (2013). *Giving Kids a Fair Chance. Cambridge: The MIT Press*（古草秀子訳『幼児教育の経済学』〔東洋経済新報社、2015年〕）.

26 山口直也「はしがき——脳科学・神経科学の進歩と米国少年司法の変容、そしてわが国への影響」犯罪社会学研究42号（2017年）4〜10頁。

に変化が見られるようになったと指摘している。その一例として山口は、2005年のローパー判決（Roper v. Simmons）が、脳科学の知見を一部援用することで少年の責任能力を低減させ、犯行時に18歳未満で死刑相当事件を犯した者に対して死刑を科すことは合衆国憲法修正８条によって禁止される残虐かつ異常な刑罰にあたるとした判決を紹介している。

脳と責任能力

脳科学の進歩によって、脳機能と私たちの行動との間に強い関係があることが明らかになってきた。前頭前野は、人を人たらしめ、思考や創造性を担う脳の最高中枢であると考えられ、計画的な行動、推論などの認知・実行機能や、高次な情動・動機づけ機能とそれに基づく意思決定過程をも担っている。これに対して扁桃体は、人が危険な行動をする際に不安や怖いと感じるなどの情動的な反応と関係がある。このように脳の部位と人の思考、行動や感情との関係性も明らかとなってきた。そして、これらの部位の発達は、個人が置かれたさまざまな環境の影響を受けることもわかってきた。脳科学の進歩は、米国連邦最高裁判所に少年に対する死刑や終身刑の適用基準を修正させたり、認知症者による犯罪に心神喪失を認めさせたりするなど、司法の規範的な判断にも影響を与えるようになってきた。

レインは、龍谷大学での講演の最後に、マイケル・オフトというアメリカの中流階級に属するごく平凡かつ善良な男性が起こした犯罪について紹介し、その刑事責任について聴衆に問いかけた。マイケルは再婚して12歳になる義理の娘がいた。家族仲はとてもよく幸せに生活していたが、突然マイケルに奇行が見られるようになった。ある日、妻が仕事で外泊した際に、マイケルは嫌がる12歳の娘と一緒に寝るという行為に及んだ。娘がスクールカウンセラーに相談し、マイケルは逮捕された。そして、マイケルには小児性愛に対する治療が義務づけられることになったが、その治療の際にマイケルの前頭葉に腫瘍のあることがわかり、彼は手術を受けた。手術後、小児性愛を含むマイケルの奇行はピタリとやみ、正常な状態に回復した。さらに興味深いことに、その後、マイケルには再び小児性愛的な行動が現れ、その際にも脳腫瘍の再発が確認され、手術後正常な状態に戻っている。

この事例を紹介した後、レインは、龍谷大学に集まった聴衆（多くが刑事司法関係者）に、マイケルに（刑罰を受ける）責任があるかどうかを聞いた。その結果、責任があると回答した者とないと回答した者はほぼ半々であった。この事例の場合、マイケルは幻覚や妄想に支配されていたわけでも、意識や記憶がなくなっていたわけでもない。悪いことをしている自覚はあったが、欲望を倫理的な判断によって、表現を変えれば強い意思で止めることができなかったのである。前頭葉に腫瘍ができても犯罪行為をしない人はいる。私たちに自由意志があるとすれば、論理的な思考に依拠する法律家の場合、マイケルには、たとえ腫瘍があっても善悪の判断をする能力も、その判断に従う行動制御能力もあったはずだと考えざるをえないのかもしれない。しかし、それは科学的に妥当な判断なのだろうか。

脳科学と自由意志

神経科学者のイーグルマン[27]がその著書の中で指摘しているように、脳の働きが解明されるに従って、私たちが自由意志だと感じていたものや私たちの意識そのものが、それほど確かなものではないことが明らかとなってきた。イーグルマンは、脳に直接刺激を与えることで、私たちに自由意志で何かを選択したと錯覚させることに成功した実験を紹介している。刑法学の基本は責任主義であり、責任のないところに刑罰はない。そして、自由意志に基づき行為しうるから責任を問いうる。つまり

---

27 Eagleman・前掲注22書。

犯罪行為は、個人の自由意志で行われたからこそ刑罰の対象となるのである。しかし、果たして自由意志はあるのだろうか。あるとするとそれはどの程度なのだろうか。

脳科学は、刑罰について一つの方向性を示している。刑罰をもって再犯を防止するには、刑罰を受けた者が自らの意志で再び犯罪となるような行為を止めうることが前提となる。しかし脳科学の発達により、自由意志では行動をコントロールできない場合もあることがわかってきたため、再犯防止のためには刑罰ではない別の方法をとるべき場合もあるということである。イーグルマンは、薬物依存症を例に、大量の薬物依存症（中毒）者を拘禁することは単に税金の無駄遣いであるだけでなく、雇用の機会を奪うことによって再犯を助長していて有害だと批判する。そのうえで彼は、人が薬物依存症になるのは、薬物が脳内の基本的報酬回路に入り込んで、他のどんな選択肢よりも薬物を使用し続けることが良いことだと刺激する渇望ネットワークが他のネットワークに勝ってしまうことが原因で、薬物依存の問題は脳内にあり、その解決方法も脳内にあると指摘している。そして彼は、薬物依存症に効果のある回復プログラムとして、バイオフィードバックの活用を推奨する。脳画像を活用しながらリアルタイムにそれをクライアントにフィードバックし、依存症者に自分自身の脳活動を見ながら、その制御方法を学ばせるのである。これは、現在行われている認知行動療法に、脳科学を使ったバイオフィードバックを組み込み、自分がどんなときに薬物に対する渇望に負けているのか、それを制御するためにはどのような心理状態を作らなくてはならないのかを繰り返し訓練する方法である。

おわりに

最近の脳科学の進歩によって脳の発達（成長）は20歳代後半まで続くことがわかってきたが、これは30歳以降の脳に可塑性がないことを意味していない。イーグルマンも指摘しているが、脳科学の進歩によって、成人の脳にも一定程度の可塑性が存在し、脳に器質的な異常があっても外的な刺激等によってある程度まで回復可能であることがわかってきた。つまり、私たちの行動に対する脳の役割の重要性が増したからといって、それを必ずしも決定論的に受け止める必要はないということである。

虐待とMAOA遺伝子が暴力に果たす役割を紹介した際にも指摘したように、この遺伝子は環境との相互作用を通して暴力を生み出す。レインは、その著書『暴力の解剖学』の中で、バイオ・ソーシャルという視点を強調している。犯罪などの反社会的・暴力的な行動に生物学的要因が関与しているのは間違いないが、それが私たちの行為を運命づけているわけではない。生物学的な危険因子は、社会的な危険因子と結びついて暴力を生むのである。私たちがすべきことは、社会環境がどのように生物学的要因の作用を緩和したり、変えたりできるかを明らかにすることであり、そうした努力によって暴力を減らすことができるはずである。

第**11**章

日本における外国人犯罪

はじめに

欧米先進国と比較して日本の犯罪は非常に少なく、治安は良好である。21世紀に入り、自民党政権は、世界一安全な国を取り戻すといっているが、日本はすでに世界で最も安全な国である。**表11-1**は、人口10万人あたりの殺人（既遂）の件数を比較したものだが、欧州の中でも治安が最も良好といわれているノルウェーと比較しても少なく、世界（おそらく人類史上）最小といっても過言ではない。これは、窃盗などの一般的な犯罪でも同様である。国連等が実施し日本も参加している国際犯罪被害実態調査（ICVS）においても、暴力犯罪を中心に日本の犯罪被害率は先進国で最も低い[1]。

日本の治安が良いのにはいくつかの理由があるが、その一つは欧州と比較して外国籍の者または移民等のマイノリティによる犯罪が非常に少ないからである。犯罪原因としてよく取り上げられるものに差別や格差がある。移民をはじめいわゆるマイノリティは差別の対象となりやすく、言語や文化習慣などの違いから制度上も不利益を被りやすい。結果としてそこに格差が生まれる。近年、パリなど欧州でマイノリティによるテロ事件が起きているが、米国はもちろん欧州においても刑事司法のクライアントに人種的なマイノリティが多いのは事実である。しかも、その比率は、被疑者、被告人、受刑者と刑事司法の手続が進むほど高くなる傾向にある。後で述べるように、刑罰を含む刑事手続には弱者に厳しいと

1　唯一の例外が、日本の窃盗の約3割を占めている自転車盗である。

表 11-1　国連調査による殺人（既遂）による人口 10 万人あたりの被害者数（率）

	2003	2004	2005	2006	2007	2008	2009	2010	2011	2012	2013	2014	2015	2016	2017	2018
日本	0.6	0.6	0.5	0.5	0.5	0.5	0.4	0.4	0.3	0.3	0.3	0.3	0.3	0.3	0.2	0.3
ノルウェー	1.1	0.8	0.7	0.7	0.6	0.7	0.6	0.6	2.2	0.5	0.9	0.6	0.5	0.5	0.5	0.5
アメリカ	5.6	5.5	5.6	5.8	5.6	5.4	5.0	4.7	4.7	4.7	4.5	4.4	4.9	5.4	5.3	5.0

出典：Global Study on Homicide 2019 (UN Office on Drugs and Crime)

いう強い逆進性が存在する。

欧米先進国では、マイノリティが居住国の国籍を得ている場合が多く、マイノリティの存在に注目して犯罪傾向や刑罰を検討する場合、国籍ではなく、人種に焦点を当てた統計分析を行うことが多い。これに対して日本は、人種の等質性が他の先進国よりも高いため、犯罪白書や警察統計では外国人犯罪などの項目が設けられ、被疑者・被告人・受刑者の国籍を属性とした統計が中心で、人種や民族別の統計はほとんど存在しない。

検挙段階で見た来日外国人による犯罪

国籍や民族を含め加害者の属性に焦点を当てた統計は、犯人を検挙した後でないと集計できないため、本章では、認知件数ではなく検挙件数や検挙人員を使用する。また、日本で外国人といった場合には、観光やビジネスなど短期滞在の外国人から、留学生や日本で就労している者など在留資格を取得して中長期に滞在する外国人に加えて、いわゆる在日外国人といわれる（特別）永住者等が存在する。警察統計では、来日外国人という言葉が使われるが、これは、日本に滞在する外国人のうち、いわゆる定着居住者（永住者、永住者の配偶者等および特別永住者）、在日米軍関係者および在留資格不明者を除いた外国人をいう。

それでは、警察統計を使って来日外国人の犯罪動向を見ておこう。**図11-1**は、1980年からの刑法犯による検挙人員を来日外国人とそれ以外の外国人（永住者等）について見たものである。なお、折れ線グラフは日本に入国した外国人の数である。来日外国人の検挙人員は、1998

図11-1　来日外国人等刑法犯検挙人員および入国外国人の推移

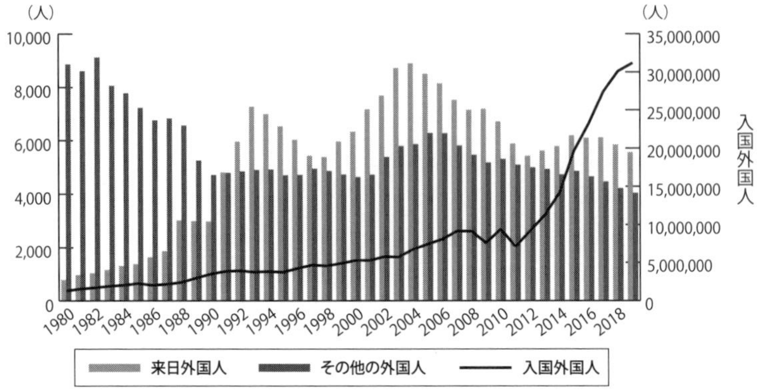

出典：警察庁・法務省の統計による。

年以降日本に入国する外国人に比例して増加していたが、2004年をピークに減少傾向に転じ、2012年を底にやや増加傾向にある。それに対して、来日外国人以外の外国人、つまり永住者等の検挙人員は、1980年代に大きく減少し、その後厳罰化の時期を除いてほぼ横ばいとなっている。これも永住者等の総数とある程度比例関係にある。刑法犯検挙人員に占める来日外国人の割合は2016年からやや増加しているものの、1992年頃から概ね2%前後で推移している[2]。20世紀後半に日本の治安が悪化したという事実と異なる言説が蔓延した際に、その最大の原因の一つとされたのが外国人犯罪の増加であった。だが、実際には、その時期から検挙人員に占める外国人の割合はほとんど変わっていない。そもそも治安が悪化したという言説自体が誤りであった以上、その原因分析も同様に誤りであったわけである[3]。外国籍の者による犯罪の割合は、永住者等を含めても4%前後である。参考までに2018年のノルウェーの犯罪統計を見ると、軽犯罪等を除く一般犯罪で検挙された者のうちノルウェー国籍でなかった者の割合は約23%である[4]。これを見ても、

2　警察庁刑事局組織犯罪対策部国際捜査管理官「来日外国人犯罪の検挙状況（平成27年）」（2016年）〈https://www.npa.go.jp/sosikihanzai/kokusaisousa/kokusai/H27_rainichi.pdf〉。

3　浜井浩一『実証的刑事政策論』（岩波書店、2011年）。

4　Statistisk sentralbyra Statistics Norway〈http://www.ssb.no/en〉.

図11-2　来日外国人による刑法検挙件数の犯罪名別構成比

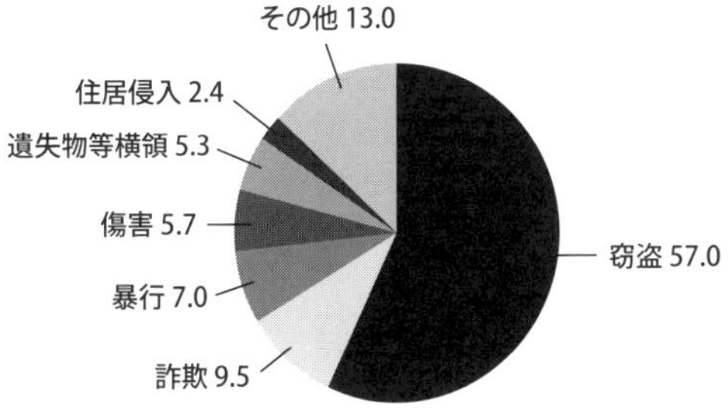

出典：『令和２年度版犯罪白書』から作成。

図11-3　来日外国人の入管法違反による検察庁への送致件数の推移

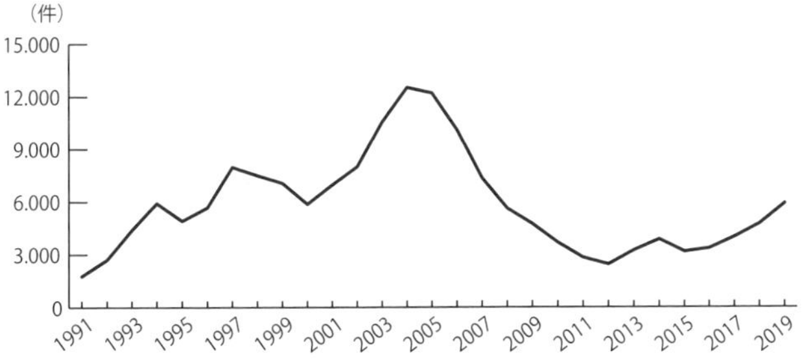

出典：『令和２年度版犯罪白書』から作成。

日本における外国人による犯罪がいかに少ないかがわかる。

図11-2は、来日外国人による刑法犯の検挙件数を罪名別に見たものである。2019年の刑法犯全体（その9割以上は日本人によるもの）の罪種別構成比を見ると窃盗が最も多く71.1%、次いで器物損壊9.6%となっている。**図11-2**にあるように、来日外国人の場合も最も多いのは窃盗で日本人と同じであるが、次いで多いのは、無銭詐欺を含む詐欺である。いずれにせよ、来日外国人の犯罪が、日本人と比較して暴力的な凶悪犯罪が多いわけではない。

図11-3は、来日外国人犯罪による特別法犯の中で比較的数が多い不法滞在などの入管法（出入国管理及び難民認定法）違反による検察庁への送致件数を見たものである。最近はやや増加傾向にあるが、2004年

図11-4　来日外国人の国籍別検察庁新規受理人員

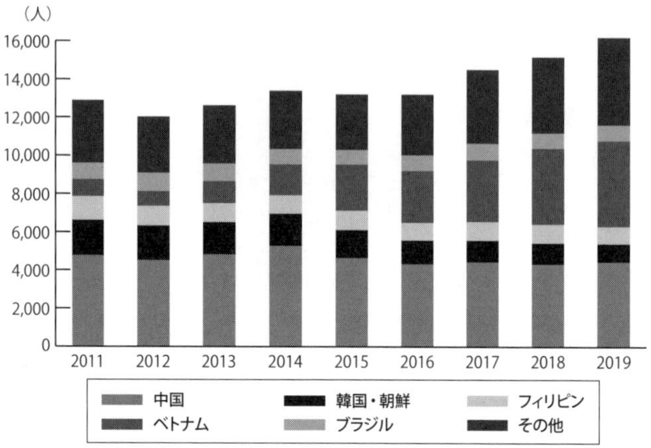

出典：検察統計年報

をピークに急激に減少しているのがわかる。来日外国人による特別法犯で、次に多いのは薬物関係犯罪であるが、2014年からやや増加傾向に転じたものの2019年において1,000件を下回っている。

図11-4は、来日外国人被疑事件の検察庁新規受理人員の推移を国籍別に見たものである。最近の特徴として、ベトナム人が顕著に増加している。ベトナム人の在留者は、1990年頃にインドシナ難民として出国した一部のベトナム人に対して定住許可が与えられたことを契機として増加し、その後日系ブラジル人などと同様に、就労制限のない「定住者」の在留資格を取得するなどして、関東・近畿地方を中心にコミュニティを形成している。最近の検挙人員等の増加は、主として「留学」や「技能実習」の在留資格で入国したベトナム人による犯罪の増加によるものである。興味深いことにベトナム人による犯罪は、在留資格にかかわらず万引きの占める割合が他の国籍と比較して多い。2018年の検挙件数で見ると、窃盗と強盗についてはベトナム人の割合が中国人を抜いて一番多くなっている。その他の手口別に国籍別の特徴を見ると、絶対数は多くないものの、侵入盗についても数年前までは中国人や南米人で7割近くを占めていたが、2018年・2019年はベトナム人が最も多くなってい

る。また、自動車盗についてはブラジル人が4割弱と最も多くなっている。

また、最近検挙された被疑者の在留身分としては、そのほとんどが不法滞在ではなく、正規滞在者であるのも大きな特徴であり、その多くは留学生、定住者や日本人の配偶者等である。2005年以前には検挙される被疑者の8割が不法滞在者であったが、その後急激に減少し、2011年に逆転し、2015年で22%となっている[5]。

さらに、来日外国人少年についても検挙人員は減少傾向にあり、2019年に検察庁から家庭裁判所に送致された来日外国人少年は643人となっている[6]。

外国人被告人・受刑者の処遇

犯罪学や刑事政策の分野では、外国人を含むマイノリティが刑事司法の中で不利益な処遇を受けやすいことが大きなテーマとなることが多い。米国の研究では、殺人事件などで加害者が黒人で被害者が白人だった場合には、その逆と比較して死刑判決を受ける確率が高いことをはじめ[7]、受刑者に占める黒人の割合が人口比から大きく逸脱していることなどが問題となっている。ワシントンポスト紙は、統計的には、黒人男性の3人に1人が生涯の中で1度以上刑務所に収容される計算になると報じている[8]。

残念ながら、日本において公表された刑事司法統計を使って、国籍別の起訴率・有罪率・実刑率などを比較することは困難であるが、犯罪白書に来日外国人の罪名別起訴率が示され、日本人を含む全体の

5　警察庁「来日外国人犯罪の検挙状況（平成27年）』〈https://www.npa.go.jp/sosikihanzai/kokusaisousa/kokusai/H27_rainichi.pdf〉。

6　法務省法務総合研究所編『令和2年版犯罪白書』（昭和情報プロセス、2010年）。

7　DEATH PENALTY INFORMATION CENTER〈https://deathpenaltyinfo.org/race-and-death-penalty〉.

8　Kessler, G. (2015). The stale statistic that one in three black males ‘born today' will end up in jail, *The Washington Post, June 16, 2015〈https://www.washingtonpost.com/news/fact-checker/wp/2015/06/16/the-stale-statistic-that-one-in-three-black-males-has-a-chance-of-ending-up-in-jail/〉.*

図11-5　来日外国人の処分別検察庁終局処理人員の推移

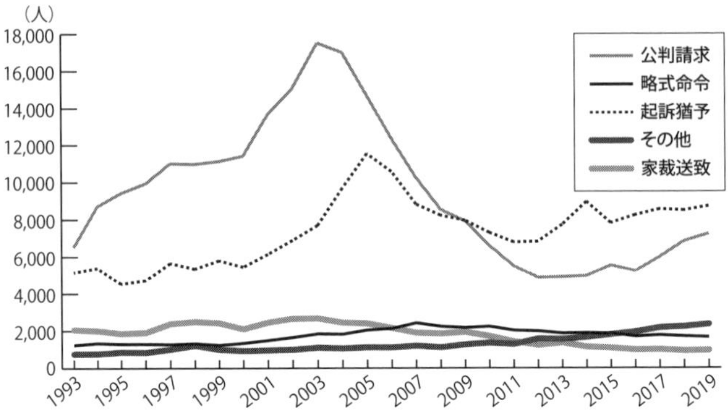

出典：『令和２年版犯罪白書』から作成。

起訴率と比較できるようになっている。それによると、2019年の終局人員において刑法犯全体の起訴率は38.2%で、来日外国人は43.3%である。罪種別では窃盗の起訴率は、それぞれ43.2%と52.4%、殺人は、33.6%と69.0%と来日外国人の起訴率が高くなっている。殺人には多くの未遂が含まれるが、家族殺の多い日本人による殺人と来日外国人とでは殺人の内容が異なる可能性がある。これだけで検察が来日外国人に厳しいとはいえないが、一般的に起訴猶予にするには、示談・謝罪や身元引受人の存在なども大きな判断材料となるため、来日外国人のほうがそうした条件を整えることが困難になりやすくハンディを背負っている可能性はある。

図11-5は、来日外国人の検察庁における終局処理人員の推移を見たものである。ここでも、最近やや増加傾向が見られるものの、2003年をピークに実刑へとつながる公判請求の数が急激に減少している。

次に外国人受刑者について見ておこう。日本の刑務所では、外国人受刑者のうち、日本人と異なる処遇を必要とする者をF指標受刑者として分類している。つまり、特別永住者や留学生等のように日本の生活習慣にある程度馴染んでいて、日本語を解する能力を持つ者は、F指標の分類から除かれている。**図11-6**は、F指標に分類された新受刑者の推移を見たものである。2004年をピークに急激に減少している。F指標受

図11-6　F指標新受刑者人員の推移（男女別）

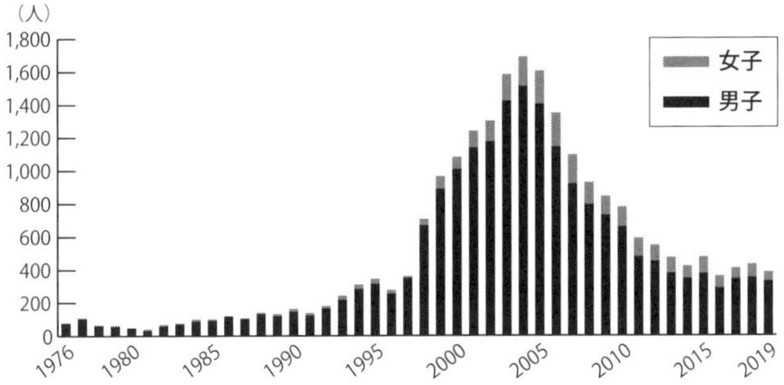

出典：『令和２年度版犯罪白書』から作成。

刑者が増加していた頃に、筆者は法務省の矯正局において刑務官の語学研修の企画を行ったり、累犯刑務所においてF指標受刑者の処遇や大使館対応などに従事したりしていたが、職員の語学力の養成は一朝一夕には困難であり、コミュニケーション不足からさまざまな問題が発生し、大使館等に協力を仰ぎながらその解決にあたっていた。しかし、その後も増え続けると危惧されたF指標受刑者の増加は、2004年をピークに突然収束していった。

各国の外国人受刑者比率

英国の独立系研究機関である刑事施設研究国際センター（International Centre for Prison Studies）がまとめた諸外国の刑事施設における外国人の収容率（未決・既決を含む）を見ると[9]、2018年の統計においてフランスが22.1%、イタリアが32.4%、ドイツが24.0%、イギリスが11.7%、ノルウェーが29.0%となっている。欧州以外でも、オーストラリアが17.1%となっている。ちなみに、ニュージーランドは3.0%と低いが、マイノリティであるマオリ族の割合が5割近くとなっている。日本は、2018年末現在で未決を含む刑事施設の外国人収

9　World Prison Brief〈http://www.prisonstudies.org/map/europe〉.

容率を見ると、特別永住者等を含む外国人の割合が5.6%、来日外国人だけの割合が3.9%であり、欧州と比較してかなり低いことがわかる。また、新受刑者の中でＦ指標受刑者の割合を見ると2018年は2.4%である。過剰収容が深刻な時期でＦ指標受刑者が最も多かったのは2004年であるが、このときのＦ指標受刑者の割合は5.3%であった。筆者の経験からも、Ｆ指標受刑者の割合が５%を超えると刑務官の負担はかなり重くなる。

来日外国人受刑者の場合、釈放後は入管当局（現在の出入国在留管理庁）に引き渡され、退去強制になる可能性が高い。通常、日本人受刑者が仮釈放となるためには、刑務所内での態度や更生意欲に加えて、実質的には身元引受人と帰住予定地の存在が不可欠であるが、来日外国人の場合にはこれが必要とならないため、日本人受刑者と比較して仮釈放率が高くなっている。両者の仮釈放率を比較すると、刑務所初入者の多いＡ指標では、全体が75.1%であるのに対し外国人は81.5%で、外国人が５ポイント高い。累犯者など犯罪性が進んでいるＢ指標では、全体が37.8%であるのに対し外国人は60.2%で、外国人が20ポイント以上高くなっている。ただし、仮釈放者の刑の執行率を見ると、日本人受刑者もＦ指標受刑者も大きな差はない[10]。

出国命令制度

さて、ここまで見てきたように、刑事司法のクライアントとしての来日外国人の数は2004年をピークに急激に減少している。とくに不法滞在者の検挙や処分が減少しているのである。これはどうしてなのか。それは、犯罪に対する潜在的なリスク要因とされていた不法滞在者の削減を目的として、2004年に入管法を改正して出国命令制度を新設したことによる。従来の制度では不法滞在者は収容のうえ退去強制の対象とな

10　法務総合研究所『外国人受刑者に関する研究（法務総合研究所研究部報告53）』（2014年）〈http://www.moj.go.jp/content/001130407.pdf〉。

り、それとは別に刑事罰が科せられることもあった。これに対し新しい制度は、不法滞在者であっても、過去に退去強制されたことまたは出国命令を受けて出国したことがないことなど、一定の条件を満たし、自らの意思で入管当局に出頭し、速やかに帰国の意思を有している場合には、身柄を収容せず、また刑事手続に入らないまま簡易な手続により出国させる制度である。以前から一部裁量で行われていたが、不法滞在者の大幅な削減を実現するために、彼らの自主的な出頭を促進する必要から法改正を行い正式な制度としたのである。

これによって、中国人を筆頭に多くの不法滞在外国人が帰国した。2005年に12,227人、2006年には11,000人、2007年には9,691人がこの制度で帰国し、うち3割が中国人であった。2007年に退去強制手続を執った入管法違反者は45,502人であり、2006年と比べて10,908人減少しているが、これは出国命令制度の効果によるものである。F指標新受刑者の数も、中国人を中心に出国命令制度の適用と比例する形で急速に減少している。

先に述べたように、犯罪の背景には差別や格差が存在する。来日外国人の検挙人員の推移を見ればわかるように、彼らの検挙人員が増加したのは、いわゆるバブル経済が弾けて、労働者の整理解雇が始まった頃からである。仕事がなくなり、生活に困窮した来日外国人が犯罪に手を染めるようになったのである。とくに不法滞在者の場合、仕事がなくなったからといって自由に帰国できるわけではなく、帰国するためには入管当局に出頭し、正式な手続、つまり入管法違反の処分を受けなくてはならない。つまり、刑罰を受けるリスクを伴っていたのである。出国命令制度は、この手続を省略し、刑務所に送られるリスクを取り除くことにより、不法滞在者の多くに日本から出て行ってもらうことに成功したのである。ただし、この施策が成功したのは、当時日本が経済的不況下にあったのに対して、中国がGDPで日本を追い越すなど急速な経済成長下にあったことが大きく影響していることは忘れてはならない。

国際受刑者移送制度

出国命令制度は、不法滞在に対する刑事手続そのものを免除し、帰国を促す制度であるが、前述のF指標受刑者のように、懲役刑等の実刑判決を受けた者に対しても出国命令制度創設の1年前の2003年に国際受刑者移送制度が設けられている。この制度は、欧州評議会が受刑者の社会復帰を促進するためには自由刑の執行は受刑者の本国において行うことが望ましいという理念に基づき創設したものであり、日本においても、「刑を言い渡された者の移送に関する条約（CE条約）」に加入し、国内法である国際受刑者移送法を成立させることによって制度が実施に移されている。

懲役刑に代表されるように、日本の刑罰は欧州の自由刑と異なり、社会復帰を目的としているわけではない。しかし、来日外国人は刑の終了後はそれぞれの国に帰るわけであり、言語・風俗習慣の異なる日本での受刑は彼らの社会復帰を阻害する可能性があるのは間違いない。また、彼らを処遇することは日本の刑事施設にとっても大きな負担となっており、この制度には刑務官の負担を軽減する目的もある。

移送は相互であり、日本からの外国人受刑者の送出移送だけでなく、条約に加入している外国からの日本人受刑者の受入移送もある[11]。ただし、送出移送が制度発足から2018年末現在までで30カ国414人であるのに対して、受入移送はわずかに3カ国から10人である。受刑者移送は本人の意志によって手続が始まるが、欧州等で受刑している日本人の中で日本に帰国して懲役刑に服したがる者は多くない。送出移送を国籍別に見るとイギリスが60人、オランダおよびアメリカが51人、次いでカナダ44人、韓国43人となっている[12]。

11　石原淳一「国際受刑者移送制度の現状と展望」刑政126巻3号（2015年）68〜77頁。
12　法務省法務総合研究所編『令和元年版犯罪白書』（昭和情報プロセス、2009年）。

日本におけるマイノリティ問題

外国人犯罪の検挙人員等を人口比で確認しておこう。出入国在留管理庁の推計によると2018年末現在における日本在留外国人数は総人口の2.16%だといわれている[13]。2018年における刑法犯に占める外国人の割合は4.9%、そのうち来日外国人の割合は2.8%である。新受刑者に占める外国人の割合は4.1%で、F指標だけに限ると2.4%である。検挙される外国人の割合が日本に暮らす外国人の比率と比較してとくに高いわけではない。これは先進国の中では特筆すべき状況であり、日本の治安が大きく崩れていない要因の一つでもある。

このことを念頭に置きつつ、日本の刑事司法におけるマイノリティの問題を少しだけ見ておこう。日本の永住者の中にも民族的にマイノリティである人たちがいる。その代表格はいわゆる「在日」といわれる韓国・朝鮮出身者である。一般的に、警察統計では、特別永住者を含む在日外国人の国籍別検挙人員を公表していないが、一度、国会質問に答えるために公表された統計がある[14]。ここからは、この2014年の統計について人口1,000人あたりの比率で検挙人員等を見ていくことにする。日本人の場合、刑法犯検挙人員は1,000人あたり2.3人である。これを在日韓国・朝鮮人で見ると6.1人[15]となる。また、新受刑者について、人口10万人あたりの比率で見ると、日本人が16.2人であるのに対して在日韓国・朝鮮人の場合70.0人[16]となる。

この数字の解釈は難しいが、少なくとも犯罪学的には、「在日」の人たちが日本人と比較して罪を犯しやすいと考えるのは正しくない。欧米先

---

13 出入国在留管理庁『2019年版出入国在留管理』。

14 坂東忠信ブログ「日本初『在日』外国人犯罪の公的統計資料公開」(2015年8月4日)〈http://ameblo.jp/japangard/entry-12058198534.html〉。

15 警察庁発表の検挙人員を韓国・朝鮮籍の在留外国人(入管統計2014年6月現在)約51万人で割ったもの。警察統計の在日外国人の定義が明確ではないが、韓国・朝鮮国籍の在留外国人には特別永住者約36万人を含む。

16 矯正統計年報を使用し、新受刑者の国籍別人員の韓国・朝鮮から来日韓国・朝鮮の人員を除いたものを、韓国・朝鮮籍の在留外国人(入管統計)で割ったもの。

進国のほとんどの国において、外国人をはじめマイノリティが刑事司法クライアントに占める割合は不均衡に高く、刑事手続が進むに連れて不均衡は拡大する。日本における在日韓国・朝鮮の人たちも同様の傾向を示している。ラベリング論の議論を待つまでもなく、これは刑事手続がマイノリティに対して不利に働くからだと考えられている。これまでも述べてきたように刑罰には強い逆進性がある。逆進性とは、特定の政策において社会的に弱い立場の者ほど不利益を受けやすいということを意味しているが、刑罰を含め刑事手続を万人に平等に適応すると、社会的弱者といわれる人たちに厳しくなりがちである。たとえば、日本で実刑を回避するためには、示談等の被害弁償、検察官や裁判官に伝わる謝罪と反省、身元引受人の3つが必要となるが、無職で社会的に孤立している人たちは、こうした必要条件を満たすことができない。マイノリティの人たちに対する刑罰が厳しくなりがちなのは、刑事司法専門家の偏見や差別意識だけでなく、刑事手続の仕組みそのものに社会的な弱者に対する逆進性が存在しているためである。

おわりに

ここまで見てきたように、日本における外国人犯罪の検挙人員や受刑者人員の割合は、日本人と比較して決して高くなく、欧米先進国と比較するとマイノリティと呼ばれる人たちの犯罪を含めその絶対数は非常に少ない。とくに、2004年に入管法を改正して出国命令制度を新設してからは、入管法違反だけでなく、窃盗などの財産犯についても外国人犯罪は顕著に減少傾向にある。これは、経済不況でリストラが横行する中で、不法滞在などによって社会的に困難な状況に陥り、刑罰の対象となるリスクの高くなった外国人を帰国させることで犯罪の発生等を未然に防止したためである。いずれにしても、欧米先進国と比較して犯罪状況を見た場合、検挙人員を含めて日本の刑事司法クライアントが少ない要因の一つとして、外国人やマイノリティのクライアントが少ないことがあるのは間違いない。これはひとえに、日本が受け入れる移民や難民が少なく、日本に暮らす在留外国人の絶対数が少なく（かつ厳選されているため）、彼らの多くが定職に就いているためである。

欧米先進国において外国人やマイノリティの犯罪（クライアント）が多い背景には、シカゴ学派が指摘するように、彼らが移民や難民として特定地域に在留し、それぞれのコミュニティを形成するものの、就労等の社会参加がうまくいかずコミュニティそのものがスラム化したり、他の地域と経済的な格差が広がる中で、差別や偏見もあってコミュニティが社会の中で孤立し有機的に機能しなくなったり（社会解体）、そこで暮らす子どもたちが学校に適応できなかったりしてギャング化してしまうからである。日本においても、日系ブラジル人の多く暮らす地域の子どもたちやいわゆる中国残留孤児として帰国した人たちの子どもたちの非行化[17]においても同様の現象が見られた。

いずれにしても、現在の日本の治安は良好な状態にある。検挙人員は減り続け、毎年少年院や刑務所の統廃合が続いている。当然、刑事司法に投入される予算は減少し、それは研究の分野でも同様で、犯罪や非行を研究対象とする若手研究者は減少の一途をたどっている。英米圏で犯罪学が盛んなのは、刑事司法に投入される予算を含め、そのマーケットが大きいからである。アメリカ犯罪学会の会員数は、刑務所人口の増加と比例して増加している。現在のアメリカにおいて、犯罪学で博士の学位を取れば就職に困ることはない。逆に、その学位を持って帰国しても日本の大学等に就職できる可能性は極めて低い。

日本のこうした状況を作り出している要因の一つが、外国人やマイノリティによる犯罪の少なさにある。このままの状況が続く限り、日本に犯罪学が根づくことは難しいだろう。もし、そうした状況に変化が起こるとすれば、それは日本が移民や難民を欧州並みに受け入れるようになり、

17　もともとは暴走族であった「怒羅権」という日本の首都圏を拠点とする中国残留孤児の2世3世や中国人からなる不良集団が存在する。当初、そのメンバーは、自分たちは暴走族ではなく、互助グループだと話していたが、現在は、メンバーのほとんどが成人し、いわゆる半グレ集団と位置づけられている。

彼らと日本人との間に経済的な格差や差別などが生まれ、彼らが住むコミュニティにおいてシカゴ学派のいう社会解体が進行し、それが非行・犯罪やテロの温床になったときであろう。少し前に、在日特権を許さない市民の会（在特会）等によるヘイトスピーチが問題となっていたが、大量の移民や難民が押し寄せれば、こうした状況はさらに悪化し、マイノリティの中に格差や差別に対する不満が生まれるだけでなく、彼らに対する支援策や彼らに仕事を奪われたと感じる人たちの間にも不満が生まれ、それが対立を生み出す危険性もある。

移民政策は、国際情勢だけでなく、日本国内の労働人口の変化などによっても変化する。国際社会の一員として責任を果たすという意味でも、現在のような厳しい移民政策を続けることは今後困難になるであろう。だが、筆者が実務の中で外国人犯罪者の処遇を経験した限り、今の日本社会に文化や風習の異なる外国人を大量に受け入れ、適切に対応する体制は整っていない。異文化との共生、言葉は簡単だが、現実には相当の覚悟が必要である。近い将来、日本社会が移民や難民問題に直面する可能性は高く、今から国民の一人ひとりが自分たちとは異なる文化や生活習慣を持った人たちとどのように共生していくのか考え、心構えをしておく必要がある。

浜井 浩一（はまい・こういち）

龍谷大学法学部教授。

1960年生まれ。1984年早稲田大学教育学部卒業、法務省入省。刑務所、少年院、少年鑑別所などの矯正施設、保護観察所（保護観察官）や矯正局に勤務したほか、米国・南イリノイ大学大学院派遣留学、法務総合研究所研究官、在イタリア国連犯罪司法研究所研究員等を経て、2005年龍谷大学大学院法務研究科教授、2017年から現職。2020年から日本犯罪社会学会会長。

法務総合研究所在籍時には、犯罪白書の作成にも携わる。

主な著作に、「エビデンスからみた日本の刑事政策への提言（前編・後編）」犯罪学雑誌86巻1・3号（2020年）、「犯罪統計からみた少年法適用年齢引下げの問題点」葛野尋之ほか編著『少年法適用年齢引下げ・総批判』（現代人文社、2020年）、『犯罪をどう防ぐか（シリーズ刑事司法を考える・6）』（共編、岩波書店、2017年）、『新・犯罪論』（共著、現代人文社、2015年）、『罪を犯した人を排除しないイタリアの挑戦』（現代人文社、2013年）、『実証的刑事政策論』（岩波書店、2011年）などがある。

季刊刑事弁護に、最新の犯罪学の知見を紹介する「法律家のための犯罪学入門」を連載中。

エビデンスから考える現代の「罪と罰」
犯罪学入門

2021年12月25日　第１版第１刷
2024年２月10日　第１版第３刷

著　者　浜井浩一
発行人　成澤壽信
編集人　北井大輔
発行所　株式会社 現代人文社
〒160-0004　東京都新宿区四谷２－10八ツ橋ビル７階
Tel: 03-5379-0307　Fax: 03-5379-5388
E-mail: henshu@genjin.jp（編集）　hanbai@genjin.jp（販売）
Web: www.genjin.jp
発売所　株式会社 大学図書
印刷所　株式会社 平河工業社
装　幀　清水良洋（Malpu Design）

検印省略　Printed in JAPAN
ISBN978-4-87798-785-5 C3036